故宫里的中国

李少白 杨春燕 著

北京大学出版社
PEKING UNIVERSITY PRESS

目录

谁家的紫禁城 /22

序 故国往事 /18

推荐序 为故宫"画像",为中国"写生" /14

参考文献 |240

跋一庚子战疫 |238

推荐序

为故宫"画像",为中国"写生"

  紫禁城(今日的故宫)是一座伟大的"城",以其雄伟壮丽的宫殿建筑与流传千古的文物珍宝,成为中华文明的重要载体与见证,也为历史学家、艺术家们提供了丰富的研究对象和无尽的创作资源。2020年是紫禁城建成600周年,各类关于紫禁城的图书争相上市。但是,紫禁城是写不完、说不完的,对于它的研究仍在不断拓展深入,围绕它的创作越发多姿多彩,有关它的作品当然会继续涌现。果然,在2021年,我们就读到了《故宫里的中国》这本好书。

  这本书的作者是李少白和杨春燕。

  说起李少白,我们就会想到这本书肯定与故宫摄影有关。是的,这是与故宫摄影有关的书。故宫是摄影者的天堂,李少白是拍摄故宫的名家、大家。从美学角度来看,故宫经得起拍摄,经得起寻找,经得起发现。李少白说,他任何时候走进故宫,都会有新的感觉与发现。他说他的这种感觉是他拍摄其他任何一个地方都没有的,他自己也觉得很神奇。

  在李少白的故宫拍摄生涯中,曾有过一个千载难逢的机会。2003年

7月16日下午,中央电视台与故宫博物院联合拍摄电视系列片《故宫》合作协议的签字仪式在漱芳斋举行。这是一个宏大的文化工程,经历了长达数年的拍摄过程,李少白幸运地全程参与了。他因此看到了故宫的各类文物藏品,他进到了游人罕至的殿阁佛堂;不仅如此,他还仔细地聆听了专家的讲解。与此同时,他还趴在屋顶上拍摄了故宫的百年大修,关注着故宫的建设与发展。他俨然就是一个故宫人。

在长期的拍摄过程中,李少白对故宫的历史文化内涵加深了认识。他拍摄的故宫照片,就是他用摄影语言对故宫的发现与理解,即用镜头诠释故宫的价值与意义。他以精美而富有个性的影像,使人们对故宫这个伟大的历史文化遗产、对优秀的中华传统文化有了更多的认识。

本书的另一位作者是杨春燕。杨女士学有专长,供职于科技部门,同时喜欢文化艺术。她以科技工作者特有的严谨与执着对待自己的文艺爱好,并都有所成就。她与李少白在爱好上至少有如下两点是相同的。

一是喜欢摄影。从1991年拿起理光相机,至今已有30年的摄影经验的杨春燕,已然成为一名著名的摄影家。她的摄影风格多样,尤善风光、纪实、街拍,并多次获得各类摄影奖项。

二是喜欢故宫。杨春燕曾用诗一般的语言描述自己拍摄故宫的体会:"我享受着摄影师的这份孤独,我常常会在悠长的红墙下,慢慢闭上眼睛,听风声划过树梢,回想这里曾走过的人、发生的事,以及逝去的光阴。我痴迷地看落日下的金色琉璃瓦,再用镜头留下此刻。每一次走进故宫,我都能在之前的记忆里深深地刻进新的痕迹。"2020年,杨春燕用自己拍摄的故宫作品,出版了反映"大故宫"理念的《金瓯永固》摄影画册,突出体现故宫既阳刚又阴柔,既浓艳又端庄,既精致又典雅的古典之美,为紫禁城600年献上了一份敬意。

李少白和杨春燕最重要的共同之处，就是对故宫内涵的不断探求。

同样是紫禁城的四时风光，他们从中感受到的是历史的沧桑；还是那些宫殿，他们联想到的更多的是宫闱风云；对于故宫的文物珍宝，他们则思考着它们背后的人和事。他们体会到，对故宫了解得越多，越会加深对故宫的感情。因为紫禁城连接着中国的过去和今天，它是有生命的。因此，当他们按下快门时，常常觉得这不是在简单地摄影，而是在和历史对话。他们以其特有的感悟审视现实，并且透视历史时空，力求有所发现、有所启示，以进行更好的艺术创造。

这样的两个人的合作，自然令读者充满期待！

"故宫里的中国"是一个很好的创意，也是对故宫价值的高度概括。千门万户的紫禁城建筑并不是一个空壳，而是有着无比丰富的内涵，它与珍贵的文物藏品联系在一起，在其中可以看到整个中国，看到中国的历史，看到中国的文化，还可以看到中国的今天，看到当代中国人对于这一伟大遗产保护、管理和利用的水平，看到承担着保护文化遗产、承传人类文明、开展文化交流和与文明对话使命的故宫博物院所发挥的重大作用。故宫是世人认识中国的窗口，是沟通古代中国与当代中国的桥梁。可见，这本书的内容是丰富的，也是有新意的。

《故宫里的中国》一书是两位作者用独特的视角对故宫新的阐释，是他们默契配合并精心奉献给读者的"礼物"。

本书的最大特点，是通过"国、家、屋"3个维度，高屋建瓴地为故宫"画像"，为中国"写生"。这本书从"大故宫"的格局出发，以美文与美图相结合的形式，将故宫的宫殿、文物和历史文化作为一个整体呈现给读者。

而一些重点文物的介绍，则可使读者对明清宫廷历史文化留下深刻印象。一顶凤冠，反映了明万历时期奢靡的风尚；一支面簪，诉说了一名后宫妃子的悲惨境遇；一件龙袍，演绎了明清满汉文化的交融与演变；一扇朱门，开启了几代皇权更迭的序幕；一座皇宫，记录了中华文化的传承。

　　这是一部下了功夫的好书，特向读者热情推荐！

原文化部副部长，故宫博物院前院长　郑欣淼

故国往事

故宫 600 岁了!

在浩瀚的银河星系里,600 年仅仅是弹指一挥间。然而,在 5000 年的中华文明史中,600 年却是一段永远无法忘却的时光。这段时光恰似一朵浪花,在历史的长河里延续与传承了中华文明。

迄今为止,地球上出现过四大文明:美索不达米亚平原两河流域的巴比伦文明、尼罗河流域的埃及文明、印度河流域的印度文明,以及黄河流域的中华文明,只有中华文明是世界上唯一没有中断过的文明。时至今日,中华儿女依然能读懂先人的文字,依然能领悟先人的智慧,依然可以学习先人的经验,依然传承着先人的生活习俗。

这些文明的传承,离不开文字的记载,更离不开国家行政力量的捍卫。

而这座600年前遗留下来的中国古代宫殿——故宫,对于人类历史来说,无疑是一个传奇。

岁月无声,宫阙无言。

身为中国人,我不禁生出一些好奇,以及关于远古的怀想:

这座华丽、恢宏的宫殿里,
起初是谁,后来又是谁,
一代接一代地演绎着没有剧本的角色,
而我们的文化又是怎样在红墙之内被传承的呢?

这座古老宫殿里发生过的一切,都与中国明清两代的历史息息相关,与中国的传统文化一脉相承,与中国人骨子里的传统信仰融为一体。

600年过去了,红墙内的喜怒哀乐早已逝去,江山社稷的梦想也已灰飞烟灭。太和门前广场上飘荡着的旌旗、皇家庆典时鼓乐齐鸣的场景,也早已湮没在夏日的蝉鸣、秋日的微风、冬日的傲雪,以及春花烂漫的朝霞里。

故宫,不仅仅是一座华丽的中国皇家宫殿,还承载了中华文明发展与演变的一段历史。

天空飘动的白云也许曾窥视过这里的一切,但它默默无言,任由人们评说;青烟袅袅的香炉也许曾陪伴过这里一个又一个穿龙袍的主人,明白他们的心事,但它们始终缄默不语。

600年,被尘封在这里的不仅仅是那富丽堂皇的宫殿、广场、文物珍宝,还有这里的主人们曾经主掌乾坤时的魄力与谋略,以及那些被宫墙外的百姓们口口相传的故事。

◦ 故宫是国，也是家

　　故宫前朝后寝、外朝内廷的格局，是中国特有的理政模式。故宫既是明清两朝的缩影与权力的中心，又是皇家居住生活的地方。在朝堂上威仪四方的皇帝，转身从保和殿走向乾清门，进入后宫，就瞬间变成了皇子、皇孙、夫君……身份的转换只在方寸之间。家与国在漫长的历史中相互交融，相互影响。

◦ 故宫很大，又很小

　　故宫之大，大到承载了中国漫长的 600 年历史；故宫之小，小到仅仅住过两户人家：一户姓朱，一户姓爱新觉罗。

故宫既非凡，又艺术

故宫的布局与设计，充分体现了古代中国的艺术文化内涵。方正大气的格局、笔直的御道、蜿蜒的金水河、汉白玉的栏杆、红墙配金瓦，让这里彰显出皇家的尊贵与气派，极具建筑之美与艺术魅力。

故宫从整体格局到建筑形式、功能、装饰，乃至其中的物品陈设、服饰、乐器、陶瓷、书画……无不值得深入探究、思考。

在汇聚了浩瀚中华文化的故宫博物院里，我常常久久驻足，被这座宏大的建筑群深深地吸引。我试图用自己的视角来思考，从而掀开那些尘封故事的一角，探访600年间这里的往事。

本书力图从国、家、屋3个维度铺陈内容，让读者能从纷繁复杂的历史中，轻松地梳理出清晰的脉络，从而了解故宫，了解中华文化。

"庭树不知人去尽，春来还发旧时花。"

漫长的冬日过后就是万物复苏的春天，故宫的春在红墙的掩映下愈发鲜妍妩媚。古树新发了枝丫；红墙边冒出了新绿；玉兰花随风摇曳，舞动在春风中；冰雪融化后的金水河又潺潺流淌在红墙内外，低语着桩桩往事。

那些被尘封的、被遗忘的、散落的历史片段，我将分3个维度把它们重新串起来，并一一呈现出它们本来的模样。

来吧，让我们一同穿越回故国往事中，回望、体味、凝思这座神秘的宫殿。

故宫又称紫禁城，历经明清两个朝代，曾先后住过两户人家：一户姓朱，另一户姓爱新觉罗。

▪ 14 世纪中叶

世代布衣的朱家出了个雄韬武略的大人物，叫朱元璋。他推翻了上一个朝代——元朝，建立了大明，年号洪武。

朱元璋是明朝的开国皇帝，但他并不住在紫禁城，而是住在南京。他先后册封自己的 25 个儿子为王，让他们分别驻守边疆各地。其中皇四子朱棣被封为燕王，负责驻守北部边关要塞，时为北平。1377 年，皇长子朱标的第二个嫡子诞生，名叫朱允炆。按照中国传统，继承皇位者不但必须血统正宗，而且要遵循"立嫡长子"的传统。当时朱家的 25 位皇子中只有朱标有两个嫡子，也就是朱元璋的两个嫡孙。然而，谁也没有料到的是，嫡孙朱允炆的哥哥朱雄英及父亲朱标相继病逝。于是在 1392 年，朱元璋发布诏书，册封朱允炆为皇太孙。一夜之间，朱允炆成了皇位第一继承人。

转眼，朱允炆 21 岁了，还没等到他学会理政，他的爷爷朱元璋就驾崩于南京了。按照御旨，朱允炆顺理成章继承了皇位，当上了明朝的第二位皇帝，改年号为建文，史称建文帝。遗憾的是，朱允炆性情文弱，缺乏一代帝王该有的谋略。

图：乾清门内

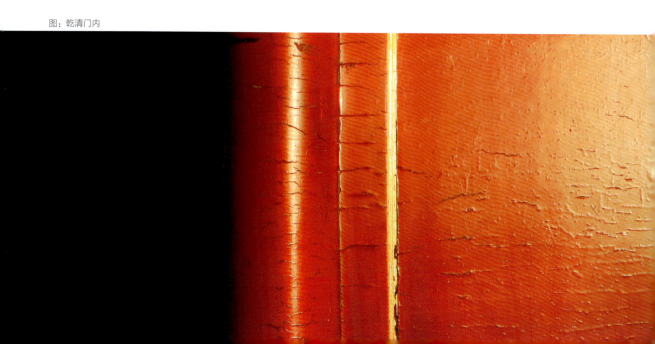

燕王朱棣胸怀大志，长期驻守北部边关，练就了非凡的胆略与才能。朱允炆继承皇位后，感觉驻守各地的亲王叔父们势力过于强大，对自己的统治构成了威胁，于是果断采纳了兵部尚书齐泰、太常寺卿黄子澄的意见，对叔父们实行了"削藩"的政策，先后废除了周、代、湘、齐、岷等亲王的王位。不承想，这一举措却导致了一场为时三年的"靖难之役"。

朱棣看到"削藩"政策对自己构成了威胁，于是以赐宴为名，将北平的都督指挥使谢贵骗进王府杀掉，从而夺取了兵权。随即，朱棣又上书皇帝，称齐泰、黄子澄为奸臣，以"清君侧"、保护皇帝的名义发兵南京。打着"靖难"与保护皇帝的旗号，朱棣率兵南下，开始了与南京争战。在攻城征战的一场大火中，朱允炆神秘失踪且下落不明，成为历史疑案。

"靖难之役"直接让明朝换了新主人。

由此，朱棣登基，成为明朝的第三位皇帝，改年号为永乐。

雄心勃勃的朱棣，登基时已经43岁。他用战争夺取了皇权，违反了太祖朱元璋的即位诏书旨意。虽然当上了皇帝，但朱棣心中难免诚惶诚恐。驻守北部边关多年的他，深知北平是北部边疆的重地和要塞，多方因素促使他决定班师回到北平建都。

朱棣在南京登基后下的第一道诏书，就是改北平为北京，为日后迁都北京城做准备。

▪ 1406 年

经过多年的筹划，力排众议之后，明王朝的第三位皇帝朱棣开始大兴土木，建造自己在北京的宫殿，名曰：紫禁城。

紫禁城，是"紫薇"与"禁中"合二为一的意思。

《晋书·天文志上》记载："一曰紫薇，大帝之座也，天子之常居也"。中国古代的星象学认为，天上有三座星垣，紫微垣位于正中，是天帝的宫殿，因而，人间皇帝的宫殿理应与之对应。

建造皇宫的同时，朱棣还时刻守卫着北京城的安危。

▪ 1410 年至 1414 年

蒙古部落两次侵犯中原，朱棣不得不一边建造皇宫，一边率兵亲征，从北京越过长城出师塞外，将蒙古部落击败。

因有南京的皇宫在先，朱棣命工匠完全仿制南京皇宫的样式，在北京再造一座宫殿，连工匠也来自南京。十万名工匠在元大都的皇宫旧址上连续建设了 14 年，于 1420 年（永乐十八年）终建成紫禁城。

《明太宗实录》记载了当时的情景："永乐十八年十二月癸亥，初营建北京，凡庙社、郊祀、坛场、宫殿、门阙，规制悉如南京，而高敞壮丽过之。"

▪ 1421 年

明朝皇帝朱棣正式迁都北京。

仰仗着做燕王时驻守北部边关多年的势力与经验，朱棣带着大队人马浩浩荡荡地直入北京城，紫禁城里这才住进第一户人家，姓朱。

自此，朱棣在紫禁城里开始了其作为最高掌权者的皇帝生涯，紫禁城成为一代新王朝的集权之地。

时光流转，岁月更迭。紫禁城外面的世界一直在发生着变化，而这些变化也直接影响着紫禁城的政治格局。

1644 年

一位叫福临的 6 岁满族男孩被拥戴着住进了紫禁城。这个男孩就是刚刚即位的清朝顺治皇帝,而顺治是在紫禁城的皇极门(今太和门)正式登基的第一位皇帝。

这时,紫禁城里换了新主人,住进了第二户人家,姓爱新觉罗。

时光飞逝,24 位皇帝的轮番演绎,让紫禁城不知不觉走到了 20 世纪。

1911 年

辛亥革命爆发,终结了帝制。

1924 年

末代皇帝溥仪以退位皇帝的身份,与其余逊清皇室成员一起被责令出宫,至此,紫禁城里再也没有人以皇室的身份入住过。

1925 年 10 月 10 日

故宫博物院成立,"宫"与"院"合二为一。

至今

故宫博物院除每周周一外,全年向民众开放,紫禁城属于国家与人民。

历经明清两朝,紫禁城先后由 24 位皇帝统治了 491 年。

在紫禁城辉煌了 356 年之后的 1776 年,美洲大陆才出现了一个叫美利坚合众国的国家。

而这时的紫禁城已经换了数代掌门人,这些掌门人,中国百姓管他们叫皇上。

朱棣皇帝万万不会想到,他无意之间成了当今世界瞩目的文化遗产——紫禁城——的创建者,成了在太和殿指挥千军万马、开疆拓土、稳固中国明朝政权的第一位掌门人。

叩开历史的门扉，犹如遁入时空隧道，前尘旧梦，谁主沉浮，亦如昨日般历历在目。苍穹之下，似水流年，岁月浸润的沧桑也掩不住一代"天子"兴亡千古的繁华梦。

巍巍紫禁城不仅仅是一座皇宫，亦是明清两代最高权力的集中地和指挥所，更是

中华文化的象征与国家的缩影。

图：三大殿俯瞰图

秉政两朝 守江山

经过近5个世纪的春秋更迭，紫禁城里先后有24位皇帝轮番登场。他们大权在握，各自演绎着江山社稷的大戏。虽然个性、禀赋、才能各异，但明清两代的皇帝们依然按照自己的方式秉政、握权，管理着这个国家。而国家这艘大船，因舵手航行能力的差异，时而平稳，时而动荡，在历史长河的惊涛骇浪中一路驶来。

图：太和殿

权承
皇子变太子的艰辛路

秘密建储制

中国的汉文化中有"立嫡长子"的传统。这让皇长子优先被立为太子成为最大的可能，但也由此带来了皇子之间激烈的竞争，让太子位成为皇子们竞争的焦点。

明朝与之前的历朝历代一样，延续了公开建储的制度，即皇帝在位时，便昭告天下册立太子。太子是一国储君，对国家未来的发展起着至关重要的作用，因而，皇子变太子注定是一个艰难的历程。皇子们长幼尊卑不同，明朝就曾在长幼皇子的选择上大动干戈，留下了许多惊心动魄的历史故事。宫廷内关于太子位的明争暗斗都是为了皇权，以及为了捍卫嫡亲的正宗血脉和长幼尊卑的古训。

到了清朝，皇位权承方式发生了巨大的变化，而这个变化是由雍正皇帝引起的。

清朝是由满人入关建立的，他们来自行围打猎的关外，善于通过分工合作来获取猎物从而赢得胜利，思想意识中少有汉人"立嫡长子"的传统思想。满人入关前实行的是"八王议政"政策，即政治体制采取的是，从八旗旗主中"择优"确立权力继承人。满人的八旗是最重要的社会生活和军事组织形式。正黄、正白、正红、正蓝、镶黄、镶白、镶红、镶蓝八旗，战时皆兵，平时皆民。满人入关后，这种体制延续了下来，成为清代的根本政治制度。

入关前，八旗中的正黄、镶黄两旗由最高统帅汗王直接统领，其他六旗分别由汗王的子侄统领。爱新觉罗家族成为清朝新的掌门人后，顺治皇帝收多尔衮所辖的正白旗归皇帝统领，于是形成了正黄、镶黄、正白为上三旗，正红、正蓝、镶白、镶红、镶蓝为下五旗的格局。这样的格局为八旗"择优"争权埋下了伏笔。

上图：乾清宫门前
左图：乾清宫门前的石狮子

图：乾清宫内景

入关伊始，为加强军事防御力量，皇帝分别令八旗兵在北京与其他各地驻防，直至18世纪中叶，八旗营区才终于系统地分布于全国的军事要地，实行了永久性驻扎。至今，北京城的西北方向，依然留有厢红旗（清时的镶红旗）、正蓝旗、火器营等地名，令人生出无限遐想。

八旗制度虽是清政权的根本制度，但八旗的"择优"与汉人"立嫡长子"的皇位继承方式有着极大的冲突与矛盾。尤其是对住进了汉人皇宫不久的爱新觉罗家族来说，皇位的继承方式关乎这个家族的命运与未来，容不得半点马虎。这也让父子之间、兄弟之间因为皇权争斗产生的矛盾变得更加激烈。

随着时间的推移，汉族文化的博大精深促使满汉文化在紫禁城内不断融合，儒家思想开始逐渐影响来自关外的爱新觉罗家族。

雍正皇帝即位后，面对纷争不断的皇位继承方式伤透了脑筋，最终想出了一个妙计。他在乾清宫创立了新的皇位继承方法——**秘密建储制**。

雍正元年（1723年）8月17日，雍正皇帝正式宣布了一件令所有大臣都意想不到的大事——他要实行"秘密建储制"。

这一天，他在乾清宫宣布完这件大事后，便令其他大臣退下，只留下四位总理大臣在身边。在大臣们的见证下，雍正皇帝将事先亲自写好的密诏封在了一个小匣子里，里面是他选好的皇位继承人的名字。

这个装有写着皇位继承人名字的密诏匣子，由大臣们当着雍正皇帝的面封存在皇帝寝宫——乾清宫——正面内堂悬挂的"正大光明"牌匾的后面。"正大光明"牌匾字大如斗，是顺治帝御笔，笔法苍秀。

而另一封与之一模一样的密诏则被收藏在一个小小的密器里，由雍正皇帝时刻带在身边。

皇帝在临终前才命人取下牌匾后面的密诏，将其与自己随身携带的密诏相比对。只有两封密诏完全吻合才能宣布新皇帝即位，新皇帝凭此密诏即位，才算名正言顺。这个制度巧妙地避开了当朝皇帝直接面对皇权之争的尖锐矛盾，让皇帝能够在考察自己心仪的皇子之后，将皇位传给他。

受儒家思想的影响，爱新觉罗家族的历代掌门人从思想意识到为政举措，都有意识地向汉文化靠近，以至于从雍正皇帝开始，逐渐废弃了"八王议政"的政策，乾隆、嘉庆、道光一直延续了"秘密建储制"这一皇位权承方式。

道光皇帝成为实施"秘密建储制"的最后一位皇帝，他之后的咸丰皇帝因只有一个皇子，没有竞争也别无选择，秘密建储与公开下诏立太子已无区别，所以只有6岁的同治皇帝毫无悬念地登上了皇位，却也由此带来了世人皆知的宫廷政变。同治皇帝的母亲慈禧太后（叶赫那拉氏）通过政变夺得了政权。

也许是因为这位母亲太过强势，同治皇帝在19岁时便因病去世，并且无子嗣。于是慈禧太后指定同治皇帝的堂弟载湉继承了皇位，这位皇帝就是光绪皇帝。

令人意想不到的是，光绪皇帝也无子嗣，这让中国历史上最后一位皇帝——宣统皇帝溥仪——有机会登场，并上演了清朝末年那段曲折离奇的历史故事。溥仪的继位依然是由慈禧太后指定。

从同治帝到光绪帝，再到宣统皇帝溥仪，他们都没有经历过"秘密建储制"与择优考察，全凭慈禧太后的指定和选派，因而能力和智慧都无从谈起。他们先后掌握皇权51年，而这51年也恰好是清朝从昌盛到衰败的几十年。

回望当初，雍正皇帝创立"秘密建储制"，是希望皇权永远落在众多皇子中最优秀的一位手里，让皇权能代代相传。没料到后代并没有如其所愿，最终由于时代的变迁，大清朝在末代皇帝溥仪手里断送了前程。

太和殿的金銮宝座与交泰殿里的宝玺是明清两朝皇权的象征，也是权力传承中重要的凭证。

宝座

午后的阳光透过太和殿朱红的门扇,投射在神秘而深邃的殿堂内,在墙壁与由金砖铺就的地上形成了一道道金色的光影。忽明忽暗的光影和着微风晃动,让这座空寂的大殿在威仪中增添了几分虚幻。

轻轻推开朱红色雕龙纹样的大门,迎面是太和殿正中央楠木金漆基台上的金銮宝座。宝座在明朝时被称为金台,在清朝时被称为御座。

北京城的老百姓管这个至高无上的皇帝座椅叫"金銮宝座",因为只有天子才有资格坐在上面。这个宝座不仅仅是皇帝接受朝拜时的座椅,更是中国封建社会集权制下权力的象征。明清两代 24 位皇帝,曾轮番坐在上面实施为政治国之道,指点江山 491 年。

而在这 491 年中,中国版图在不断地变化,中国传统汉文化与满族文化也在不断交融。

宝座的台基四周饰有莲花纹,并嵌有珍贵的宝石。金漆台的后面为金漆屏风,屏风上布满金龙,寓意天子为龙。蟠龙镂空的金漆宝座的上半部分是中式的圈椅靠背,靠背由 6 条雕龙围成,正中的平板靠背是平雕阳纹云龙,

左页图:太和殿的门
右页左图:太和殿中皇帝的宝座
右页右图:太和殿殿顶的藻井

底座是须弥座式，宽敞、庄严、肃穆，显得神圣而不可侵犯。

宝座的四周有四对象征吉祥的瑞物：宝象、甪端、仙鹤和香亭。

宝象寓意太平有象；传说甪端精通四方语言，日行万里，贤明有德，只有在四海臣服的君王身旁才会现身；仙鹤寓意江山万代，王朝永固，帝王长寿；香亭寓意江山稳固。

宝座台基下还有四只香炉，名为宝鼎。自古以来，一个王朝的建立被称为"定鼎"。每临皇帝上殿，这些宝鼎内即会燃放香料，体现皇家的庄严和仪式感。

御座的上方有一条巨龙，口吐宝珠，这宝珠被称为"轩辕镜"。

据《春秋合诚图》记载，轩辕星为主雷雨之神。皇帝坐在御座之上，头上就是这枚轩辕镜，表示皇帝系正宗嫡亲血脉的天子，雷雨之神坐镇头上，保佑大殿。据传，当年袁世凯窃国后拟复帝制，准备在此登基，但他惧怕头上的轩辕镜掉下来砸到自己，竟然没敢坐上皇帝的御座，而是命人打造了一把"新龙椅"，并且将台基向后移了3米，以避开头上的轩辕镜。

轩辕镜由盘卧在太和殿上方藻井正中的巨龙含在口中，而蟠龙藻井是紫禁城里最高等级的宫殿才有的重要标志和装饰。抬头仰望藻井，会有一种即刻欲坠的压迫感，同时深感自身的渺小和卑微，凸显出对上天的敬畏之情。

"藻"是水中物，"井"是储水的地方，因而藻井被人们视为镇压火灾的一种象征。太和殿在明朝时叫奉天殿，曾被一把大火烧毁，后改名为皇极殿，清朝时又被顺治皇帝改名为太和殿，几经重建才形成今天的规模，藻井无疑就是镇殿之宝。

龙柜

明初，奉天殿里陈列着8个大龙柜，用于储存三代鼎彝。因被雷火损毁，至今只剩4个清朝制作的大龙柜。龙柜中储存的鼎彝是国家政权的象征，奉天殿储藏的三代之鼎，寓意"定鼎"北京紫禁城，表明奉天殿是最高皇权的象征。

宝玺

宝玺是代表皇权的一种印章，凡是皇帝发布诏书或者其他文告时所用的印章均被称为宝玺。宝玺历来是国家政权与权力传承的象征，即位的皇帝只有掌握了宝玺，才算真正掌握了皇权。

明朝国宝级别的印章现已不存在了。尽管北京故宫博物院现在收藏的不是明代二十四国宝的原印，但印文与二十四国宝中的相关宝玺相同。

清朝遗留下来的宝玺被称为二十五宝，是清朝最重要的皇权象征。

25这个数字源于一段典故。

古时周平王迁都洛阳后，业绩传递了25代后人，东周也成为历时最长、世袭数最多的一个朝代。乾隆皇帝认为这段史实是有章可循的历史典范，并在自己的御文《匣衍记》中专门论述了"密用姬周故事"。乾隆皇帝的内心一直期待大清能享太平盛世25代，因而，从明朝遗留到清朝的大内玉玺被乾隆皇帝一一鉴别后，他在29方玉玺中钦定了25方，称为二十五宝。

乾隆皇帝虽然是满族，但内心极其崇尚汉族文化，他也具有极深的汉文化素养。宝玺是国家政权的象征，经他钦定的二十五方宝玺，各有各的使用目的和尺寸规格。

除使用次数最多的用于颁发诏书的玉玺外，还有用于奖励官吏的、用于公布皇榜的、用于出兵打仗的，以及用于外交的、用于祭祀的玉玺等。

此外，紫禁城里还有皇帝私印和后妃印。

皇帝的私印也叫闲章，是皇帝独有的表示收藏、玩赏性质的玺印。按照内容和用途的不同，私印又分为年号玺、宫殿玺、收藏玺、鉴赏玺、铭言吉语玺、诗词玺、花押等。

收藏于紫禁城文渊阁内著名的《四库全书》，是乾隆皇帝命大臣遍访天下，将搜集到的书籍编辑成册而成的，极其珍贵。《四库全书》每册都盖有乾隆皇帝的私印，表明了乾隆皇帝对这套书的重视，以及这套书的珍贵程度。

皇帝的闲章在不同的场合与历史背景下，有时也会被当成征信和国家权力的象征。1860年，英法联军攻入北京城，咸丰皇帝携皇后钮祜禄氏、贵妃叶赫那拉氏（慈禧）及皇子载淳逃往热河避暑山庄。国家危难之时，咸丰皇帝将"御赏"印章赐予皇后，将"同道堂"印章赐予皇子载淳。因载淳年幼，该印章由慈禧代为保管。

咸丰帝驾崩后，皇子载淳即位。慈禧发动了政变，实施垂帘听政的国策，改年号为同治。慈禧下懿旨，凡同治帝的上谕明旨，须上盖"御赏"印章，下盖"同道堂"印章，无上述两个印章者皆为无效谕旨。

这两枚印章成了东西两宫太后垂帘听政的标志。

后妃们手里的印章没有实质性权力，只是皇帝在册封后宫的皇后与妃子时，会御赐象征其身份与等级的印章。这类印章并没有象征权力与征信的作用，只起到了皇帝册封后宫众多家眷时认定家眷身份等级的作用，是后宫嫔妃们的"身份证"。

斡旋

铁腕掌门人权力较量

内阁

明清两个朝代都设立了一个掌管政务的机构，叫内阁，这是皇帝与大臣们用来议政的机构。

午门的东侧，高高的台阶上有一片庑房，正中的为协和门，其东南角为内阁公署，文渊阁就是明朝时内阁的办公地。

明清两朝实行的是无"相"制度，即废除了古代宰相参政议政的制度。朱棣登基后组建内阁，内阁只负责议政，行政权在六部，地方上分三司，分管司法、军事、行政，直接对六部负责。

这些机构将皇帝发出的最高指令，通过全国1936处驿站、全长143700公里的驿道，一层一层传达到大明帝国的每一个角落。

清朝的内阁延续了明朝内阁的管理机制，地点也与明朝相同，只不过内阁人员发生了变化。

从明朝初年一直延续到清朝，内阁大臣最高的职位是内阁大学士。随着地位的逐步提升，位高权重的大学士一度扮演过类似前朝宰相的角色。由于大学士干预朝政，使内阁与皇帝身边的司礼太监的矛盾与日俱增。

紫禁城不仅是古代皇权的中心，也是古代中国最为核心的指挥中心。在皇帝的指挥下，施政的渠道像一条条神经脉络，牵一发而动全身。

明朝万历年间，一位名叫张居正的内阁首辅大臣曾让文渊阁名声大振，他也是内阁干预朝政的一个非常典型的案例。彼时，万历皇帝因年幼，批奏折都是在司礼太监的护佑下完成的。而张居正利用自己是万历皇帝老师的身份，授意他人先写好奏折，再利用司礼太监的关系，将自己的意见经皇帝之手"批红"，然后颁布圣旨。这样的事例越来越多，内阁的权力与日俱增，因而内阁与太监之间的矛盾也日益激烈。

其实，太监与内阁的权力之争，始于明朝中期的正德皇帝朱厚照。正德皇帝最信赖的大太监叫刘瑾，内阁大臣因看不惯刘瑾弄权的做派，故商议在上朝时与之理论并进行弹劾，请皇上定夺。结果上朝那天，皇帝没来，只来了刘瑾。他带来了皇帝的旨意：任命刘瑾为司礼监总管，全国呈送来的公文全部要先交由刘瑾过目，然后才能下发到内阁和六部。由此，司礼监的权力更大了，太监与内阁大臣的矛盾被激化。

清朝初年曾短暂执行过议政王大臣会议制度，但很快内阁又重返政治舞台。内阁正式成为清朝的政治制度经历了漫长的过程，这一过程充满了权力之争。

清初，努尔哈赤的即位者皇太极的年号为天聪。天聪三年（1629年）皇太极设立了文馆，并为文馆招募了大量的汉儒生。天聪十年（1636年），改文馆为内三院。内三院分别是内国史院、内秘书院、内弘文院。设立内三院的目的，是协助皇帝摆脱满洲议政王大臣会议制度对皇权的制约，建立以专制皇权为核心的政治体制，内三院实际上充当了皇太极的智囊团。

顺治入关后，成为紫禁城的第一个满族皇帝。顺治十五年（1658年），顺治皇帝改内三院为内阁，设大学士为正五品阁衔。顺治十八年（1661年）又恢复了内三院编制。康熙即位后，于康熙九年（1670年）下令改内三院为内阁，另设立翰林院。大学士兼内阁殿阁衔，

图：钩心斗角的屋檐

又兼尚书，学士兼侍郎，内阁负责处理日常政务的职能进一步得到明确。至此，清代内阁制度才逐渐稳定下来。

到了雍正八年（1730年），雍正皇帝将大学士的地位进一步提高，定满、汉大学士为正一品，至此，大学士成为清朝最高品级的文官。乾隆皇帝即位后，于乾隆十三年（1748年）确定内阁由三殿三阁组成，分别是保和殿、文华殿、武英殿、文渊阁、体仁阁、东阁，每殿阁设学士若干，正一品大学士满汉各二人，内阁的地位被进一步加强。由此，内阁成为清朝中央政府机构的枢纽。清朝内阁在漫长的政治与权力较量过程中，一度因权力过大而影响到皇权的地位，曾被康熙设立的"南书房行走"、雍正设立的"军机处"所掣肘。

议政会

司礼监与内阁大臣的矛盾从明朝一直延续到了清朝。为了解决这一矛盾，清朝伊始曾设置过议政会制度，所有国事都由议政会（议政王大臣会议）决定，甚至连罢免皇帝都可以由议政会决定，秉政开始有了民主议政的萌芽。然而，这一制度直接威胁到了皇权乃至皇帝的地位，让顺治皇帝十分反感。为了扭转这种局面，顺治皇帝恢复了内阁制度。然而，内阁制度依然存在诸多弊端，让之后的康熙皇帝、雍正皇帝都逐渐意识到，必须用自己的方式制约内阁的权力，以化解并调和内阁与太监的矛盾，让权力掌控在皇帝手中。

于是，南书房行走及军机处应运而生。

南书房

乾清宫西南角的庑房，是南书房所在地，这里原本是顺治皇帝、康熙皇帝幼年读书的地方。康熙亲政后，每次退朝后总感觉身边缺少博学而善书者的辅佐，自己的理论也无人能够应答自如。加之议政会上的大臣们权力过大，常常不把皇帝放在眼里。于是，1677年，康熙皇帝特意从翰林院选派了两名博学善书的能人来到身边。他们一位叫张英，一位叫高士奇，常侍皇帝左右，能随时领悟皇帝的意图，承旨听令，称为"南书房行走"。

康熙皇帝是历史上少有的擅长数理的"学霸"皇帝，对数学及天文历法有着浓厚的兴趣，总是独自钻研很久。因而通常情况下，到南书房侍奉皇帝的能人，都是从翰林院选派的博学、机智，擅长书法、数学及古文学的人，可以与康熙皇帝探讨学术与治国理论。但与众不同的康熙皇帝也曾选派过武进士杨恺进入南书房，与他切磋武艺，杨恺也因此成为皇帝身边的武士。

其实，南书房是康熙皇帝严密控制的一个私人秘书机构，其存在的目的是抗衡并削弱内阁大臣们的权力，同时将外朝的一部分权力转归内廷。康熙皇帝让侍奉者随时承旨出诏行令，从而将自己的旨意传达出去。

在很长的一段时间里，南书房实际成为康熙皇帝贴身的指挥所。

军机处

乾清门西侧的一排房子，是清朝中期的军机处所在地。

清朝中期，从康熙到雍正，内阁与皇帝之间的权力抗衡一直没有停息过，这让当朝的皇帝很是焦虑。

公元1722年，雍正皇帝下旨，所有雍正皇帝本人批复过的手谕都要上缴，不允许私自存留，否则从重处理。自此，他开始了集权的行动。

1729年，雍正皇帝以平复西域准噶尔的叛乱需要整理军事情报，但内阁办公地点离养心殿太远，容易泄露军事机密为由，让自己的亲信大臣在养心殿外的小房间内轮流值班。这些大臣要随时等候召见并聆听皇帝面授旨意，军机处出现了萌芽。

从军机处值班房通往皇帝居住的养心殿有一条专用的秘密小道，只需走五十米，军机大臣就能到达养心殿。这样，皇帝可以随时了解军事情报；军机大臣们也可以随时到养心殿聆听皇帝的口述上谕，然后返回军机处后立刻形成文字的上谕内容，再请皇帝批复，形成正式的诏书下发各地。军机处处理情报与皇帝谕旨的效率得以大大提高。

军机处视情报的紧急程度，将情报按级别投递。标注为马上飞递的，要日行三百里；标注为更紧急的，要日行四百至六百里。情报官到各地驿站换马后，马歇人不歇，一路飞奔传递皇帝的旨意。

雍正皇帝对情报及信息的保密性尤为重视，还使用了密折制度。所有大臣的奏折都要装在一个奏折匣里，这样可以避免奏折在经过各级衙门层层上报时，被世人皆知。利用这个方法，雍正皇帝的触角秘密地伸向了四面八方，对信息的获知更为灵敏，这对他的集权与决策起到了极大的作用。

右页图：乾清门内夕阳

上图：养心殿门前
下图：东城墙

这一制度一直沿用到了乾隆皇帝即位，乾隆皇帝将军机处的权力范围进一步扩大了。

乾隆皇帝即位后，立刻将康熙皇帝设置的临时值班小房间重新进行了修建，并逐渐将所有的政权集中到此处，正式将此处改为军机处。军机处的存在与运行，进一步削弱了内阁的权力，军机处几乎成了最高机密与权力的集中部门，而内阁则成了一个摆设，内阁大臣们只负责例行一些公事。

善扑营

清朝初年，一些满族的王公贵族开始参政议政，在内阁议政时并不把皇帝放在眼里。于是，康熙、雍正、乾隆秉政时不断加强皇权，这其中最著名的事件就是康熙皇帝年少时智斗鳌拜。在皇帝加强皇权的过程中，禁卫军逐步演变、发展、形成。

康熙皇帝即位时才 8 岁，自然对各种政务缺少决策能力。而辅佐其政务的一等公大臣鳌拜，欺负皇帝年少，根本不把当时的康熙皇帝放在眼里。鳌拜除了结党营私，还排斥异己，肆无忌惮地把持着皇帝的权力，代替皇帝发号施令。这些恶行早已被年幼的康熙皇帝看在眼里，无奈他当时年少力薄，奈何不得鳌拜。

1669 年，已经 16 岁的康熙皇帝羽翼逐渐丰满，有了更强的自信和能力，便下定决心严惩鳌拜，但鳌拜武力高强，康熙决定伺机智取。于是，康熙皇帝亲自挑选了一批年轻的卫士带在身边，每日以练习格斗游戏为名，悄悄练习武力。春末的一天，康熙皇帝趁着鳌拜入朝禀报，立刻下令，事先埋伏好的卫士们突然出现，将强壮的鳌拜捆绑了起来。随即，康熙皇帝宣布了鳌拜多年积累下的三十几条罪名，对其实施抄家、革职、禁锢的惩处。

之后，这批年轻卫士组成了皇宫里的"善扑营"。善扑营实际成为由皇帝亲自指挥的贴身禁卫军，在漫长的时间里，禁卫军一直担负着皇帝身边的警卫职责。

听政

国事传递与当朝抉择

御门听政

听政制度一直是中国古代皇帝体察下情、决断大事的政治手段。

明太祖朱元璋在明初曾定下一条祖制：皇帝必每日临朝。"御门听政"始于明成祖朱棣，是皇帝与大臣讨论国家重要政务的形式之一。

朱棣入住紫禁城后，原本在奉天殿（今太和殿）听政，后因大殿失火，

图：太和门广场

他不得不将听政的地方挪到奉天门（今太和门），这便是早期的"御门听政"。

古时认为皇帝是天子，在露天的奉天门听政更加能够将贤明的皇帝勤政爱民之心传递给上天，因而这一听政方式被作为祖制传承了下来。

"御门听政"在每天的拂晓开始，有些路途遥远的大臣只能提早赶路到紫禁城的午门外等候听政，虽困得哈欠连天，但也不敢不来。

日复一日，年复一年，不仅皇帝辛苦，大臣们也怨声载道。但经过时间的检验，证明勤政的结果比懒政要好上千百倍。

明朝的"御门听政"制度一直延续到了明末嘉靖皇帝时期。嘉靖皇帝沉迷于修炼长生不

上图：太和门黄昏
下图：慈禧太后御笔

老丹，竟然连续20年不上朝听政，致使朝政一片混乱，民不聊生。户部主事海瑞冒死上呈一份《治安疏》，指出了朝政的弊端，结果差点被治死罪，明朝的江山社稷摇摇欲坠。

1644年，农民起义军领袖李自成率军攻打紫禁城，崇祯皇帝连一个大臣也叫不到身边，只能慌忙带一位太监从神武门跑到景山，在一棵歪脖子树上用绳索结束了自己的政治生涯，用一种无奈又可悲的方式退出了历史舞台。

清朝时期的"御门听政"从太和门移到了乾清门，而听政制度始于康熙皇帝。康熙自8岁登基以来，在位61年，几乎天天听政，成为历史上最勤政的皇帝之一，也从此拉开了清王朝辉煌时代的序幕。

康熙、雍正、乾隆祖孙三代都严格坚持执行"御门听政"制度，清代最繁荣的时期恰恰也是这个阶段。

然而，清朝后期的咸丰皇帝以种种借口疏于听政，同治皇帝基本不听政。当八国联军攻打北京城时，皇宫里竟连一点消息都没有，清王朝的灭亡已成定局。

垂帘听政

垂帘听政是晚清历史上由皇帝母亲代替小皇帝听政、下谕旨的政治制度。

紫禁城养心殿的东暖阁因慈禧太后垂帘听政而闻名。慈禧太后前后以"垂帘听证""训政"之名掌控实权三次。第一次是咸丰十一年（1861年）发动"辛酉政变"至同治十二年（1873年），第二次是同治十三年（1874年）至光绪十五年（1889年），第三次是光绪二十四年（1898年）"戊戌变法"失败至光绪三十四年（1908年）。

1861年，咸丰皇帝病逝于热河（今承德）避暑山庄，年仅6岁的皇子载淳顺势登上了皇位。慈安皇后（钮祜禄氏）无子，载淳为慈禧贵妃所生，母凭子贵，慈禧的地位发生了变化。时年，年仅6岁的皇子还不能独立处理朝政，这让慈安皇后与慈禧贵妃感到皇权受到了威胁。

为了大权不旁落，1861年，慈禧怂恿慈安皇后与辅佐小皇帝的肃顺等大臣展开了夺权之争，发动了著名的"辛酉政变"，一举掌握了朝廷的大权，将历代清朝皇帝实行的"御门听政"制度，改为在东暖阁实行"垂帘听政"制度。慈禧下懿旨，改年号为"同治"，从此开始了长达48年的实权统治。

听政时，同治皇帝坐在前面的宝座上，慈安和慈禧并排坐在后面的床榻上。众大臣虽然朝拜前座上年幼的皇帝，但听到的旨意却是从帘子后面发出的。慈安性情温和，信奉"女子无才便是德"的古训，因而拿主意、下旨意的往往是慈禧。慈禧用这种手段掌控了整个朝廷的大权。

1873年，同治皇帝渐渐长大并开始亲政，但不久就病死在了宫中。

慈禧太后立刻颁旨，让其年仅4岁的侄子载湉登基，改年号为"光绪"。光绪皇帝年幼，慈禧于1874年再次垂帘听政，又一次登上了政治舞台，施展个人的政治抱负。

直至1889年光绪皇帝亲政，慈禧才不得不回到后宫，但她与光绪皇帝在政治上的分歧越来越大。

为了改变国家的命运，以康有为、梁启超为代表的维新派人士主张学习西方，提倡科学文化，改革政治与教育制度，发展农、工、商业。这一倡议得到了光绪皇帝的支持，光绪帝决定实行改革，史称"戊戌变法"。

戊戌变法从1898年6月11日开始实行，但因变法损害到以慈禧太后为首的旧势力的利益而遭到强烈反对。1898年9月21日，慈禧太后发动政变，光绪皇帝被囚，康有为、梁启超分别逃往法国、日本，谭嗣同等戊戌六君子被杀，历时103天的变法宣告失败。

戊戌变法失败后，慈禧以"训诫"为由重回朝堂，再次掌握了皇权。

而此时，清朝的国力衰弱，处于内忧外患的紧张时期。光绪皇帝被慈禧排挤和打压之后，连自己的皇妃也无力保护，只能任由慈禧掌权，成了傀儡皇帝。

1912年2月12日，慈禧的侄女隆裕皇太后带着年仅6岁的宣统皇帝，宣读了退位诏书："……特率皇帝将统治权公诸全国，定为共和立宪国体，近慰海内厌乱望治之心，远协古圣天下为公之义……"

稀里糊涂登上皇帝位的溥仪，仅仅做了三年皇帝，就稀里糊涂地退了位。

至此，无论是"御门听政"还是"垂帘听政"，都退出了中国历史的政治舞台，中国封建王朝走到了尽头。

图：紫禁城的秋

礼制经国定社稷

中国以礼仪之邦著称于世。有句俗语叫"没有规矩,不成方圆",这是中国人信守的理念。

据《孟子·离娄上》记载:"离娄之明,公输子之巧,不以规矩,不能成方圆;师旷之聪,不以六律,不能正五音;尧舜之道,不以仁政,不能平治天下。"意思就是说,即使有离娄那样好的视力,公输子(即鲁班)那样好的技巧,如果不用圆规和曲尺,也不能准确地画出方形和圆形;即使有师旷那样好的听力,如果不用六律,也不能校正五音;即使有尧舜的学说,如果不施行仁政,也不能治理好天下。这句典故后来引申到了人们做事的标准和规则。这种标准和规则在紫禁城中以礼制的形式出现,约束着一切,成为国与家的典范。

作为典范之城,这座集国家行政权力与皇帝家族生活为一体的皇宫,规矩繁多,礼制突出。不仅延续了古人传承下来的中华礼制,还将其进行了完善和弘扬,因而紫禁城里既有礼制文化,又有皇家宫廷文化。前朝后廷的格局,让这里的礼制具有朝廷与皇室的双重含义。

右页图:太和殿前的红柱

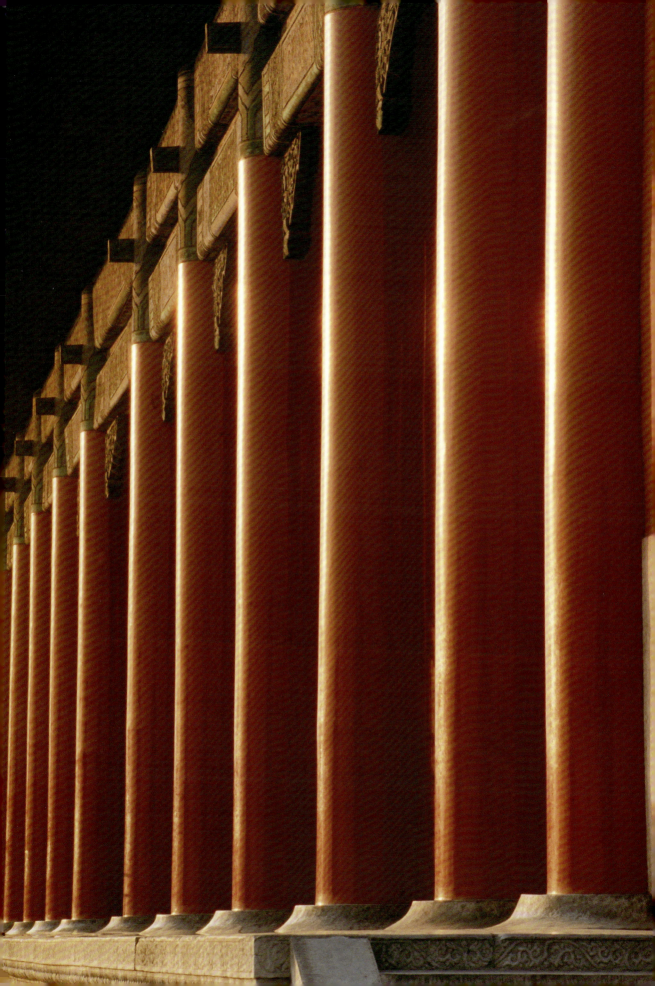

国礼

尊贵气派的大国风范

《左传·隐公·隐公十一年》云:"礼,经国家,定社稷,序民人,利后嗣者也。"由此可见古人对礼制的重视。

紫禁城内每年三次的大朝礼是当时中国最高的国家礼仪形式。

大朝礼又叫大朝会,即百官朝见天子,每年的元旦、冬至,以及皇帝的生日,紫禁城里都要举行这一盛大的礼仪活动。

时间回溯到清朝某年的元旦。

这一天的黎明时分,太阳尚在地平线下,天空呈现出淡淡的青色。随着午门上锤响的第一遍鼓声,早早等候在午门外的文武百官已着装整齐,恭敬

地站好。当第二遍鼓声响起时,文武百官随即按照宫廷礼制的规定,文东武西排成两列,从午门两旁的掖门进入紫禁城。

文官与武官都有各自的品级,他们按品级依次过品级桥,经太和门到太和殿广场。文官和武官分别按从一品到九品的顺序,列队站在"品级山"旁边,等待大朝礼的举行。

"品级山"从明朝到清朝,由木质更

上图:太和门前的狮子
中间图:中和殿内景
下图:太和殿广场

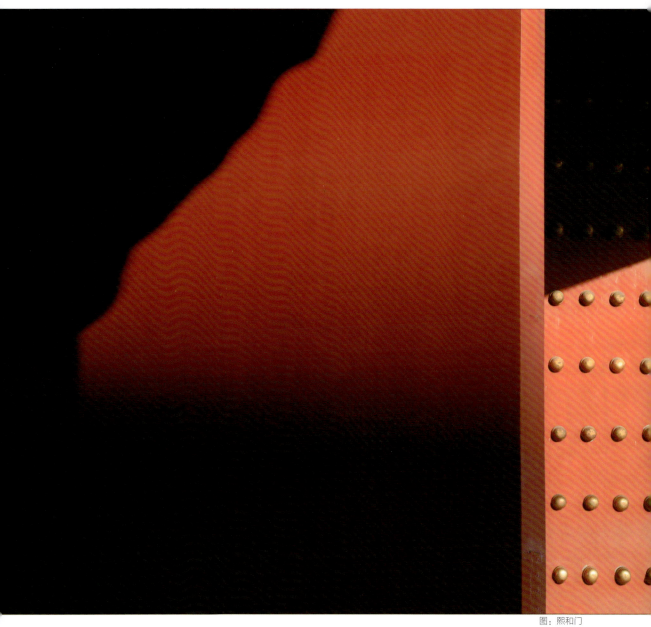

图：熙和门

换为铜铸,是文武百官朝拜时排班站位的位标。位标呈山状,上嵌满、汉字品级阶位,摆列在太和殿前的御道两侧,东西各两列,共七十二座。行礼时,官员们面向北,东西横向排列,每列十八排。排首是一名御史,负责纠察违反大朝礼礼仪之人。清朝时,参加大朝礼的已有外藩使臣,他们通常列在皇室的王公贵族之后,依然按照品级站位。

穿好礼服乘轿子抵达中和殿的皇帝,只有听到第三遍鼓声响起时才正式进入太和殿,随即雅乐响彻四方。

作为乐队演奏的序曲,太和门外先是三鞭鸣响,随即按照庆典的内容,乐队演奏华丽的乐曲。大殿廊下两侧是金钟、玉磬、笙、箫、琴、笛等乐器,这些乐器合奏着宫廷著名的"中和韶乐",玎玎纵纵,铿铿锵锵,和谐优雅。

从大殿的露台上起,仪仗连绵不断,经午门直达承天门(今天安门),场面浩大,气势威仪。

宽广的太和殿广场上,文武百官要先行四拜礼,才可以进表、宣表、致颂词。

行礼时,百官先将手举的笏插入腰间,向皇帝鞠躬后再跪拜,并山呼万岁,此为一拜。之后百官起立,取出笏,在乐曲声中再次伏地跪拜,如此四拜,礼毕鸣鞭,奏乐曲,乐止才算典礼结束。

清朝的大朝礼大体沿袭了明朝的礼制,逐渐废除了烦繁的出笏、山呼万岁等环节,并慢慢形成了几个重要的内容:陈列卤薄;序列排班;朝臣颂赞,皇帝向王公及文官三品以上、武官二品以上及外藩使臣赐茶点。

冬至的大朝礼,礼仪内容增加了新的环节。皇帝要整装出宫至天坛,代表国家在天坛祭天。而祭天时,除了太和殿的礼仪,还要举行专门的祭祀礼。

除了大朝礼,宫廷还要举行其他礼仪与祭祀活动,以彰显礼仪安邦的国策。

左页上图：右掖门
左页下图：午门红墙与鸽子
左页右图：顺贞门

典礼

隆重至极的宫廷仪式

登基礼

历代皇帝的登基大典，既是一代君王行使权力的开始，又是年号更替的时候，还是新皇帝向全国子民及邻国宣布身份的仪式。由于汉文化中"立嫡长子"的古训，以及清朝雍正皇帝"秘密建储制"的实施，嗣皇帝的即位多数都是在前任皇帝的丧礼中完成的。上一任皇帝驾崩后，即位的嗣皇帝要身穿丧服，以即位者的身份哀悼先帝并主持丧礼。服丧期满后，嗣皇帝才能在太和殿举行正式的登基仪式。

嗣皇帝是天子承天命，继承大业者，按照皇家的礼仪，如此重大的事项必须要祭告天地、祖宗。受嗣皇帝的派遣，负责祭拜的官吏要先前往北京城里的天坛、地坛、太庙、社稷坛举行庄严而隆重的祭告仪式，之后才能回到紫禁城为嗣皇帝举行正式的登基仪式。

为了登基大典的顺利举行，皇家禁卫军要更加严格地巡逻和守护紫禁城内的各大门及御道。

举行登基仪式这天的三更天，天未放亮，紫禁城里便开始张灯结彩，布置一新。御道两旁布置的法驾卤簿能一直延伸到承天门。人们等待着最后在承天门宣诏那一刻的到来。

太和殿内，表文、诏书、笔砚等物品被摆放在相应的案桌上后，内阁大学士率学士们前往乾清门，恭敬地请出皇帝的宝玺，并将宝玺送到太和殿的御案上。待到天亮之时，随着一声"吉时已到"，礼部尚书跪倒在嗣皇帝面前，奏请嗣皇帝接受遗命。嗣皇帝身穿白色丧服，到先帝灵前行三跪九叩大礼之

右页图：夜色中的太和殿

后，先前往乾清宫更换衣服，再到慈宁宫向太后行大礼，然后才能回到中和殿落座，接受执事官的三跪九叩礼。

嗣皇帝从中和殿来到太和殿，庄严地落座到宝座上，才表示完成了即位。此时，午门城楼上鼓声雷动，待鸣鞭三响后，太和殿、中和殿、保和殿台基下广场上的众大臣向刚刚即位的新皇帝行三跪九叩的大礼，以表示臣服和君臣之间的尊卑地位。

礼毕，大学士从太和殿左门进入，捧起诏书放在皇帝专用的御案上，让专人将御玺加盖在即位诏书上。之后，礼部官吏将此诏书用龙亭抬出太和门，经过端门，再到承天门，最后登上承天门城楼向天下宣诏。至此，皇帝的登基礼才算完成。

在承天门上宣读的诏书内容，除了有关于新皇帝即位的，还有关于改年号，以及大赦天下等事项的。

大婚礼

沿着中轴线上的御道从午门的中门进入紫禁城，是与皇帝大婚时皇后的特权。清朝皇帝的婚礼除沿袭了历朝历代皇家婚礼的礼仪外，还增加了许多满族特色。

皇帝大婚时依然有复杂而又必不可少的程序，通常包括纳彩礼、大征礼、册立礼、奉迎礼、合卺礼、朝见礼、庆贺礼、赐宴等。

纳彩礼是皇帝的订婚之礼，大量的马匹、甲胄、绸缎、布帛等是皇帝送给皇后府邸的订婚彩礼。大征礼在订婚后、正式婚礼前举行。这一日，皇帝要再次向皇后府邸一次性赠送大婚礼品，包括大量的黄金、白银、黄金与白银制成的茶具、绸缎、马匹、弓箭、冬衣、夏衣、裘皮等。

大婚当日，皇帝与皇后要行册立礼和奉迎礼。册立礼是皇帝赠送给皇后用纯金打造的金宝和金册，以表明皇后的皇家地位与权力身份。

一顶喜轿抬着满秀金凤的朱漆座椅，椅子上放着金如意与早已安放的金册、金宝，龙亭内放着要宣读的册文，被一起抬到太和殿下，只等吉时。吉时一到，皇帝着礼服向慈宁宫的太后贺拜后，回到太和殿接受文武百官行大礼。

左图：皇后冠
右图：皇后头簪

龙亭与喜轿经太和门出宫，来到皇后父母居住的府邸。在皇后父亲带众人向皇帝的接亲队伍行三跪九叩大礼后，皇后才身穿礼服迎接金册、金宝。皇后向迎亲的队伍行三跪三叩礼后，才能完成册立礼。

奉迎礼是宫廷迎接皇后的礼仪。吉时，皇后手拿苹果和如意，蒙上盖头升喜轿入宫。至乾清门，皇后下轿，将手中的苹果交给亲王福晋，然后接过宝瓶抱在怀里。接着，福晋们扶皇后迈过一个火盆，以寄蒸蒸日上之意。之后，在女官的引导下，从交泰殿到达坤宁宫。坤宁宫门口放着两具马鞍，鞍下是皇后从娘家带来的两个苹果，寓意平平安安。皇后要跨过马鞍，进入坤宁宫与皇帝完婚，合卺礼随即在坤宁宫举行。

三日后，皇帝带皇后拜见列祖列宗，向皇太后行朝见礼。同时，皇太后在慈宁宫宴请皇后的母亲及家族，而皇帝则安排皇后的父亲在太和殿与文武百官一起接受皇家的宴请，这叫庆贺礼。至此，皇帝的婚礼才算正式结束。

亲征礼

在古代中国，因外族的侵犯而导致的征战时有发生，军事上的成功与否直接关系到国家的生死存亡。因而，君王既是一国之君，又是战时军队的最高统领。天子亲征礼，具有鼓舞士气、顺天应地以安天下的作用。

祭天、祭地、祭太祖是皇帝亲征前必须遵守的礼仪。

祭天表示皇帝受命于天；祭地是祭祀土地神——社稷，祈求土地神保佑战争胜利；祭太祖是在列祖列宗前预测吉凶。这项礼仪经历了多个朝代，一直被皇家延续。

清朝时，亲征礼的仪式感更加突出，皇帝要身着戎装，配刀骑马出宫，率群臣至堂子祭拜。礼毕，号角齐鸣，旌旗摇动，士气大增，皇帝手举长刀大喝一声，千军万马随即浩浩荡荡踏上征程。

图：太和门前

命将礼

风萧萧兮易水寒，壮士一去兮不复还！

将帅领兵出征以命相搏，为的是保家卫国，因而历代君王都非常重视选帅点将。将帅确定后，皇帝会授予其生杀大权。清朝承袭了春秋战国时的命将礼，每临战事出征，皇帝必举行命将礼。

1715年，准噶尔部起兵进犯青海、西藏等地区，囚禁喇嘛，攻占了布达拉宫，随即陕西、甘肃、云南、四川一带也相继受到威胁。准噶尔部的这一举动激怒了老皇帝康熙，他即刻决定派出八旗精锐部队征战西域。

1718年，康熙皇帝感觉自己年事已高，无力亲征西域。于是任命自己的儿子——十四子胤禵——为抚远大将军，并委以重任，赋予他主持西部一切军政要务的权力。

胤禵的出征，实际是代驾出征，意义非凡。

康熙皇帝面对诸将，颤颤巍巍地将敕印交到儿子手里。胤禵被允许使用皇帝掌管的正黄旗的旗帜，显示了皇家最高统帅的地位，从规格到阵仗都与皇帝亲征无二样，极大地鼓舞了士气，使征战取得了胜利。

1749年，乾隆皇帝将命将礼正式确定为包含三项必不可少的程序：授敕印、袯社、祖道。每临大将军出征，皇帝必亲自到太和殿向将军及其诸位爱将授予敕书和敕印。敕印是皇帝颁发的帅印，代表统帅的将军身份及皇帝授予的生杀大权。出征前，大将军要到奉先殿禀告此次出征的理由，以求得列祖列宗保佑平安，这叫袯社。

待出征日战马萧萧、旌旗蔽日之时，皇帝亲自在天安门外为将士们赐酒饯行，鼓舞士气。君臣一路送行一路敬酒，称为祖道，以此祭祀道路诸神，祈求部队一路平安、胜利归来。

卤簿礼

"卤"通"橹"，是古时候的大楯，引申含义为对帝王的防护保卫措施，包括武器装备和护卫人员有组织的行动；"簿"是册簿的意思。"卤簿"就是把护卫人员和其装备的规模、数量、等级形成文字的典籍，后特指皇帝的仪仗队。自秦汉隋唐以来，皇帝出行必有随身的护卫跟随，以确保皇帝的安全。护卫执楯披甲，簇拥在皇帝身边，既护卫皇帝，又彰显皇家的声势与威仪。

明清时期，紫禁城里的卤簿礼演变成了典礼时的仪仗队形式。

清朝的卤簿礼逐渐形成了四种等级，每种等级的规模（包括器物和人数）各有不同。一等仪仗形式，规模最大、最隆重，是皇帝在举行圜丘、祈谷、常雩这三项隆重的国家大典时使用的，这种卤簿礼叫"大驾卤簿礼"。二等仪仗形式，规模稍小，但依然豪华，是皇帝举行大朝礼或者祭祀太庙、社稷坛、日坛、月坛、地坛、先农坛等时使用的仪仗形式，叫"法驾卤簿礼"。如果皇帝仅仅是巡视皇城，那么身边的仪仗队伍规模就要小很多，属于第三等级的仪仗形式，这种仪仗形式叫"銮驾卤簿礼"。皇帝出宫仅仅在周边外省巡行时，会亲自骑马带上骑兵若干，这个阵仗就是四等仪仗形式，叫"骑驾卤簿礼"。

富丽堂皇又威武盛大的仪仗队旌旗飘动，在韶乐、大鼓、编钟、玉磬的喧腾下，彰显出皇家尊贵的地位与威仪四方的气势。

进春礼

"春雨洗残雪，春风轻布衣"。

立春是中国农历二十四节中的第一个节气。每年立春时节，紫禁城都要举行进春典礼。

进春在北方乡下也叫打春，是一项需要郑重举行的庆典活动。立春之前，紫禁城顺天府要按照钦天监绘制的春图制作三座春山，以及春牛。春山又称为"春座"，用各种金珠玉翠妆点，上面供奉着用纸糊的芒神，寓意丰收。春牛是用泥土或者纸糊的牛，寓有春耕之意。

立春日，顺天府与各地县令要将春山、春牛抬至午门广场前并恭敬地宣布要将春山和春牛敬献给皇太后、皇帝、皇后。

掌仪司、顺天府主官率众由午门中门抬着春山、春牛进入紫禁城。进献皇太后的由总管

图：午门前的御道

太监迎接进宫，并奉在太后宝座的一侧，恭请皇太后预览后，再安奉在太后宫前殿的暖阁内，随之将旧岁的春山、春牛请出。进献给皇帝的春山和春牛，在掌仪司和顺天府官员的引领下由太和门以东的昭德门进入，沿后左门行至乾清门，交由等候在此的首领太监。太监从乾清门中门进入后将春山、春牛陈设于乾清宫的西暖阁，恭请皇帝预览，同时请出旧岁的春山、春牛。进献给皇后的春山、春牛被陈设在交泰殿，同样太监要抬出旧岁的春山、春牛。

紫禁城每年举行进献春山、春牛的仪式，是一种祈福和期盼，预示国家这一年风调雨顺、五谷丰登。

传说，一个有牧童形象的芒神绘画被供奉在春山上，而他的脚就是对这一年天象的预报。如果画中的牧童赤足，则预示着这一年将有涝灾；如果他穿着鞋，则表示这一年是旱年；假如他一只脚穿鞋，另一只脚赤足，则表示这一年风调雨顺。如果立春在正月，芒神就站在春牛上；若立春在腊月，则芒神就站在春牛前，表示春早。一年的天象情况用一幅画来表示，即便不识字，也能读懂其中的含义。

图：午门广场

祭祀

对天地与祖辈的致敬

在中华文明的历史中,礼制是社会高度发达与进步的标志。自商周开始,最突出的礼制就是祭祀之礼。《展禽论祀爰居》曾这样记载:"夫祀,国之大节也;而节,政之所成也。故慎制祀以为国典。"

对自己的祖先,以及天地、农业、日月、文化先师行祭祀之礼,是古代中国社会文明的主要表现形式。因而,从明朝定鼎紫禁城开始,宫内外的一系列祭祀活动就伴随着明清两个朝代。

合祭祖

中国众多的祭祀礼仪首先体现在对祖先的祭奠上,这不仅是对祖先的怀念,更多的是表达后人的一种孝道。太庙就是明朝皇帝祭祀祖先的场所。

清朝爱新觉罗家族入住紫禁城后,顺治皇帝沿袭了这种祭祖制度,于1644年对太庙内的牌位重新进行了布局,将自己的祖先——清太祖、清太宗等神主供奉于太庙,将明朝的神主牌位移奉到了历代帝王庙。太庙承担着祭祀家族祖先的功能的同时,也承担着祭祀国家祖先的功能。在相当长的时间内,这种综合祭祀一直存在。

太庙位于紫禁城端门东侧,与西侧的社稷坛呈东西对应的格局,与天坛、先农坛同建于永乐十八年(1420),实行"同堂异室"的合祭制度。太庙拥有完整对称的格局,三重围墙、三座大殿,其规格之高,从最高的重檐庑殿顶即可窥见一斑。其

使用的梁柱外包沉香木，梁柱构件全部使用金丝楠木，是全中国迄今发现的古代建筑中最大的楠木殿。祭祀时，皇家乐队高奏中和韶乐，表演祭祀时跳的佾舞，呈现庄重、严肃的气氛。大殿前的戟门旁矗立着 120 把铁戟，在阳光的照耀下，铁戟发出耀眼的光芒。遗憾的是，这些铁戟在 1900 年被八国联军抢劫一空。历经明清两代的太庙，在末代皇帝溥仪退位后，于 1924 年被北洋政府接管，于 1950 年被改为劳动人民文化宫。

祭清祖

清朝评价一位皇子品行优劣的重要标准是，其是否有孝心，尽没尽孝道，是否对自己的父母及仙逝的祖先怀有孝敬之心。

为表达对清朝已故太祖、太宗的孝敬之心，顺治十四年（1657 年），清朝第一位皇帝——福临——重建了奉先殿。在此之后，奉先殿又经多次修缮。奉先殿位于后三宫的东侧区域，这个区域由西至东依次是斋宫、毓庆宫、奉先殿。

皇帝在奉先殿祭祀，以"祭"与"告"为主要内容。每年的重大节日、祖先的忌日，皇帝必亲自到奉先殿行祭祀礼。大婚后，皇帝必须携皇后到殿内向列祖列宗禀告婚事。皇帝在奉先殿的诚肃门外必下轿，步行进殿，以示对祖先的尊重。

康熙皇帝格外看重孝道，对自己培养了 30 多年的"举朝皆称善"的皇太子胤礽充满了期待，结果让康熙皇帝感到失望与痛苦的是，自己付出的一片挚爱却换不来太子胤礽的一丝牵挂与惦记。痛苦与愤怒让康熙皇帝下决心废黜胤礽的太子位。最终，这位才能出众、诗文俱佳的皇子没能登上皇位。康熙皇帝认为，对自己的父亲尚且不孝，又岂能担当起治理国家的重任？！

乾隆皇帝也是一位出了名的孝子。他登上皇位后，对母后极尽所能地表达孝心，让母后能毫无牵挂地养老。而对奉先殿的祖先，乾隆皇帝也虔诚至极。乾隆皇帝规定，待稻米成熟时，"碾得细米，供献奉先殿"，这一规定被写进了内务府的则例。日常在奉先殿供奉的酒、果品等需要日献食、月荐新，供品频繁更换，唯恐怠慢祖先。这种孝心被宫廷认为是一位皇帝必备的德行。没有这些德，太子就算有再高的才能也无缘坐上皇帝的宝座，成为统领江山的一国之君。

图:太庙

祭天

透过郁郁葱葱的苍松翠柏远远地望去,蓝色的琉璃瓦与金色的元宝顶掩映在绿树丛中,茂密的树丛后便是与紫禁城不可分割的国家祭祀重地——天坛。

从"三皇五帝"时代至清末,中国皇帝一直举行祭天典礼,前后延续了约5000年。祭天是皇帝的特权,只有皇帝才有资格代表国家去祭天,而天坛就是皇帝祭天的重要场所。

按照中国传统礼制建造的天坛是国家祭坛,始建于明永乐十八年(1420年),位于北

图：天坛

京永定门内紫禁城向南延伸的中轴线东侧。明初时，这里曾合祭皇天后土，但在嘉靖九年（1530年），改为单独设立地坛，天坛只举行祭天大典。

天坛是明清两代皇帝祭天与祈谷的重要场所，位于北京南北中轴线上的正阳门外东侧。天坛的区域范围呈北圆南方的格局，暗合"天圆地方"之意。四周环筑的坛墙有两道，将天坛分为内外两部分，称为内坛与外坛，天坛的主要建筑均在内坛的南北中轴线上。内坛以墙为界，又分隔为南北两部分，北为祈谷坛，用于春季祈祷丰年，核心建筑是祈年殿。南为圜丘坛，用于冬至日祭天，核心建筑是巨大的圆形石台，称为圜丘。两坛由一座长约360米、宽约30米，高于地面的砖砌甬道相连，这条甬道叫丹陛桥，其北高南低，与南北两坛共同形成了一条长约1200米的天坛建筑轴心。丹陛桥两侧为大面积的古树，西天门内南侧建有斋宫，是祭祀前皇帝斋戒的居所，西部外坛设有神乐署，掌管祭祀乐舞的教习和演奏。

祭天大典分为祭天与祈谷两道程序，分别在圜丘坛与祈谷坛内的祈年殿举行。明清两朝共有22位皇帝亲御天坛，虔诚祭祀苍天，祈求五谷丰登。

祭天大典在每年冬至日的圜丘坛举行，祭祀前，皇帝先要斋戒告庙。宫廷规定，祭祀天地、祈谷祈雨之前，皇帝都要提前三天在斋宫斋戒。

从紫禁城后三宫向东出日精门走到仁祥门，进门便是斋宫。雍正九年（1731年），雍正皇帝下旨拆掉原有的明朝建筑，改建皇帝斋戒的斋宫与太子居住的毓庆宫。

皇帝斋戒时，要求不茹荤、不饮酒、不听音乐、不入内寝、不理刑名、不问疾吊丧，清正洁身，以示敬诚。斋宫门外还要摆放斋戒牌与斋戒铜人，示意皇帝正在斋居，皇宫要保持肃穆的气氛。祭祀大典的前一日，皇帝要亲自审视祭祀物品的准备情况，并沐浴更衣，到位于祈年殿北的皇乾殿上香行礼。皇乾殿是平时供奉"皇天上帝"和皇帝列祖列宗神牌的殿宇。皇帝上香后，礼部尚书上香，并行三跪九叩礼，再由太常寺卿率官员将神牌恭请至龙亭内安放，由銮仪卫抬至祈年殿，安放至相应神位，接受祭拜。

按照规定，皇帝一年要来天坛三次：孟春（春季首月）祈谷，孟夏（夏季首月）祈雨，冬至祭天，以此寄托皇帝的愿望和期盼。

祈年殿为圆形大殿，蓝色琉璃瓦顶，高38米，坐落在三层汉白玉石阶上。

祈年殿建于永乐十八年（1420年），初名为大祀殿，为矩形大殿，用于合祀天、地。嘉靖二十四年（1545年）改为三重檐的圆殿，殿顶覆盖上青、中黄、下绿三色的琉璃瓦，寓意天、地、万物，并更名为大享殿。乾隆十六年（1751年）改三色瓦为统一的蓝瓦金顶，定名祈年殿。祈年殿的中央内部分为四个开间，各有4根龙柱，分别象征一年的四季，外围有两排各12根金柱，分别代表12个月和12个时辰。

位于祈年殿以南的圜丘坛，建于嘉靖九年（1530年）。每年冬至日，皇帝在坛上举行祭天大典。圜丘坛初建为一个蓝琉璃圆台，乾隆十四年（1749年）扩建，同时变蓝琉璃为艾叶青石台面，增加了汉白玉石栏板，色彩更加纯正典雅。最上层台面中心为一块圆形石板，称为天心石。天心石外环砌扇面形石板9块，再外一圈为18块石板，以后以9的倍数依次向外延展，直至九九八十一块。

古时人们认为："积阳为天，天有九重"。圜丘坛共设有三层圆台，石阶、各层台面石和石栏板的数量，均采用九和九的倍数，对应九重天。圜丘的三层栏板共360块，暗合周天360度。通过对九的反复运用，强调苍天至高无上的地位。

图：天坛祈年殿

站在圜丘坛的正中央——天心石——上，仰望苍天，人仿佛一下子就与宇宙相连，那种天人合一的感觉会瞬间从内心升腾而起，令人感觉到自身的渺小、宇宙的浩瀚。

祭土地

自古皇帝都把江山社稷当成最重要的大事，那"社稷"到底是什么意思呢？

"社"与"稷"在中国古代分别代表土神和谷神。中国自古便

图：地坛

是一个农业国家，拥有土地和农业是权力和地位的象征。由此，"社稷"一词历来就是国家的代名词，而对土地的祭祀，必然是非常重要且隆重的。社稷坛位于紫禁城午门前，端门的西侧，是明朝皇帝祭祀土神和谷神的场所。清朝延续了这种祭祀礼仪。

社稷坛于明永乐十八年（1420年）建成，不规则的长方形区域内建有社稷坛、拜殿、戟门等。其中，祭祀谷神的社稷坛由三层汉白玉砌成，四面各设四级台阶，正中央的坛面上取全国5个方位（东、西、南、北、中）的土供奉于此，并依照中黄、东青、南红、西白、北黑的顺序铺在坛面上，象征着普天之下，莫非王土。

1914年，社稷坛被改为中央公园；1928年，为纪念孙中山先生，又更名为中山公园。

祭农业

农业对于一个国家而言，是国民安身立命的保障，因而历代皇帝都对农业表示出崇高的敬意。明清两代的皇帝不但会亲自参加耕藉耤礼，还会单独祭祀先农。

北京永定门内大街有一座有600年历史的古代建筑群，这座建筑群是明清皇家祭祀先农、天神地祇、太岁诸神，以及举行耕藉典礼的地方，叫先农坛。

先农坛是迄今保留下来的最经典、最完整的皇家祭祀建筑群，共有建筑群五组：庆成宫、太岁殿（含拜殿及其前面的焚帛炉）、神厨（包括宰牲亭）、神仓、俱服殿。另有坛台四座：观耕台、先农坛、天神坛、地祇坛。先农坛是明永乐十八年（1420年）与天坛同时建成的一处祭祀场所。

先农坛与天坛东西呼应，每年的阴历二月或者三月的吉亥日，皇帝必率文武百官亲至先农坛进行祭祀，以示朝廷对农业的重视。之后行"耕藉礼"，以示皇帝为天下之表率。

至今，先农坛依然保留着皇帝的"一亩三分地"，每年由工作人员负责耕种玉米等作物。这组皇家祭祀建筑群虽已历经600年岁月，但依然保留着最初的模样。

祭日

祭祀日与月,是古代皇家祈福的一种形式。

嘉靖皇帝即位后,在朝阳门外建朝日坛,在阜成门外建夕月坛,分别用于祭祀日神和月神,最终形成日坛、月坛。日坛坛面原为红色琉璃,象征太阳,是明清两代皇帝在春分的寅时(凌晨3点到5点,古称"平旦")祭祀太阳神的场所。祭祀时文武百官随皇帝而至,场面极为壮观。

祭月

夕月坛是北京五坛之一,建于嘉靖九年(1530年),是明清两代皇帝在秋分祭祀夜明神(月亮)和天上诸星宿神祇的地方。

明朝嘉靖年间,坛面采用的是白色琉璃瓦;清朝乾隆年间,坛面改砌以金砖。夕月坛是五星、二十八宿、周天星辰共一坛的祭祀场所。

在秋分日的亥时(21点到23点,古称"人定")迎月出,皇帝率众臣在月坛举行祭祀礼。

月坛于1955年被辟为北京月坛公园。

祭文化学者

北京安定门内有一条著名的街道,叫国子监街。与国子监街相邻的是一座三进的院落,南北沿中轴线呈左右对称格局,进门的轴线上有一座嵌琉璃花砖的影壁,这个地方就是元、明、清三代皇帝祭祀中国文化学者孔子的地方:孔庙。北京孔庙始建于1302年,是仅次于山东曲阜孔庙规模的第二大孔庙。

元大德十一年(1307年),皇帝加封孔子为"大成至圣文宣王",刻有诏书内容的石碑至今仍立在孔庙的大成门前。1331年,皇帝恩准孔庙可配享宫城的规制,允许孔庙三进院落的四个方向建角楼。为了表示对孔子的尊敬,1530年,嘉靖皇帝将孔庙的大成殿改称先师殿。万历皇帝为了表示对孔子更深的敬意,于1600年将孔庙的瓦顶改为琉璃瓦。

到了清朝，入住紫禁城的清朝皇帝对汉文化推崇有加，自然不敢怠慢孔庙。乾隆皇帝即位的第二年，亲谕孔庙屋顶使用皇家御用的最高贵的黄色琉璃瓦。到了光绪三十二年（1906年），孔庙的祭祀礼仪上升为大祀，其规模和礼仪程序都是空前的。

孔庙正门的东西两侧各有一块石碑，碑上用满、汉、蒙、回、托忒、藏6种文字书写：官员人等至此下马。这就是皇帝御赐的文官下轿、武官下马的地方，连皇帝也要步行进入庙门。

康熙皇帝不仅下旨在紫禁城建造传心殿，还定下一个规矩：每当在文华殿举行经筵的前一天，必定要派大学士到传心殿的孔子牌位前进行祭告。由此可见，满族皇帝对儒家文化的崇尚非同一般。

宫廷文化绵延长

岁月变幻,更迭了权力所属,却保留了华夏文明的强大基因,让汉文化的脉络得以延伸、舒展,并散发璀璨的光芒。宫闱内外的文化传统与生活方式都极具宫廷仪式感及尊卑次序,尽显皇家的庄严与尊贵。

图:残阳如血与太和殿剪影

科举

鲜衣怒马披红状元郎

清朝皇帝入关后,为了证明自己的皇位正统,一方面依照明朝惯例祭祀孔庙,表达对汉文化与汉知识的推崇;另一方面加快对汉族知识分子官位的钦定。其中,科举考试就是清朝考核提拔官吏的一项重要手段。

殿试当天的一大早,内阁官员身穿朝服来到保和殿,将厚厚的一沓试卷摆放在殿内东侧的黄色条案上,表情严肃。由午门左右掖门入宫的贡士们,怀着激动的心情来到保和殿前,等待这场决定命运的殿试。殿试与以往任何考试都不同,因为它是由皇帝亲自主考的。

凡殿试被皇帝钦点为状元、榜眼、探花的一甲三子,将有幸从平时只有皇帝才能走的午门中门而出,披红挂彩,骑马示众,光宗耀祖,走上辉煌的仕途之路。

科举考试一直是翰林院选拔人才的重要途径。翰林院也叫玉堂署,是国家最重要的人才储备机构。乾隆五十四年(1789年),乾隆皇帝将殿试地点从太和殿改为保和殿,并亲自主考。

翰林院从唐朝开始设置,负责替皇帝起草诏书等文件,后慢慢演变成负责文化学术的传承。明朝以后,翰林院的上述职责被内阁等机构接替,而翰林院则成为养才储望之所,负责修书撰史、起草诏书,为皇室成员侍读,以及提供科举考官等。

无论怎样,翰林学士始终是社会中地位最高的士人,翰林院集中了当时知识分子中的精英。因此,科举考试一直是那些胸怀大志者踏上仕途的必经之路。

经过皇帝主考,一举成名的一甲三子直接进入翰林院,状元被授予修撰之职,而榜眼、探花被授予修编等职位。二甲、三甲进士如果成绩优良,则可以成为庶吉士,这些庶吉士要先在庶吉馆学习三年,之后才能被授予编修等职位。

可见，凡是能在翰林院中任职的人，必须是科举考试中成绩优秀的尖子生。唐朝的张九龄、白居易，宋朝的苏轼、欧阳修、王安石、司马光，明朝的宋濂、张居正，晚清的曾国藩、李鸿章等人，都是翰林院人士。

然而，殿试之路对于贡士们而言，并不是好走的。

中国的科举考试始于隋朝，成规模于唐朝，至宋朝得到迅速发展。而明清的科考更加兴盛，每三年在紫禁城内举行一次最高级别的科考——殿试。凡具备殿试资格的，都是经过层层考核，过关斩将而来的。只有贡士才能拿到皇帝亲自拟就的考题，回答治国安邦之策。

饱读诗书的贡士，历经十年寒窗之苦，经县试、府试、院试择优后，才能被录取为秀才，

有资格参加每三年一次的省城的乡试，考中者为举人。只有举人才有资格参加由朝廷礼部主持的会试，被录取者成为贡士。贡士们再参加朝廷举行的殿试，一决高下，最终选出一甲3名，二甲和三甲各若干名。一甲三名被称为"一甲三子"，分别是状元、榜眼、探花。

乾隆二十六年（1761年）规定，殿试在每年农历4月21日举行。殿试后的第三天早晨，阅卷大臣将拟定的前10名试卷请皇帝钦定名次，前三名为一甲。

状元、榜眼、探花虽然以殿试成绩而定，但相貌、仪态也是皇帝着重审定的内容。特别是探花郎，必须是相貌堂堂的年轻俊才，才有资格被皇上钦点。殿试后的第五天，太和殿内外响彻中和韶乐，礼部尚书高举金榜，大声念出中榜者的名字。中榜者跪在皇帝面前，礼谢皇恩。

通过这种层层选拔的方式，清朝提拔重用了不少金榜题名的有识之士，补充了治国安邦的人才。

在北京孔庙内，大成门及先师门两侧是元、明、清三代进士题名碑，刻有51624名进士的名字。

图：雨天的保和殿

经筵

皇帝与大学士的私课

对于掌管天下的皇帝来说，幼年读书积累下的知识并不能完全应对朝廷内外纷繁复杂的事务。因而，及时学习新知识，吸纳儒家的文化精髓，是皇帝增强自身能力的一项重要措施。

经筵便是翰林院的大学士或者尚书单独为皇帝授课，与皇帝讨论学术的一种"私家"活动。翰林院的大学士都是经过殿试中榜的一等甲子，聪明睿智，深得皇帝的信赖。

从明朝开始，经筵活动就经常在文华殿举行。

太和门以东有一组建筑，从南向北依次是文华殿、主敬殿、文渊阁。文华殿有两个配殿，西侧是集义殿，东侧是本仁殿，正南是文华门。

文华殿在明朝是太子宫，太子登基前要先在这里摄政，以示龙威。但因为还不是真正的"天子"，所以仍不能现"龙身"，只能隐身于这里。

明末，李自成一把火烧了文华殿，直到康熙二十二年（1683年），文华殿才被重建。

从翰林院赶来的大学士们，先要绕着文华殿门前香烟袅袅的金鹤转两圈，将衣服熏满香气后，才可以走进大殿给皇帝讲课。熏香是每一个到此为皇帝讲课的大学士必走的程序。大学士引经据典地为皇帝讲授儒家经典巨作，解答皇帝对历史事件的疑问，算是给皇帝"开小灶"，上私教课。

皇帝与大学士讨论的内容涉及面很广，这无疑是对大学士文化修养与知识积累的考验，十年寒窗苦读，终于派上了用场。讲课完毕，皇帝赐宴并命太监向这些大学士行赏，一场经筵活动在君臣尽欢中结束。

图：铜鹤

学堂

双语官学的内务良才

清政府从关外带来的八旗官员英勇善战，精于武而疏于文，这对于治理国家而言，显然有些"英雄无用武之地"。于是，顺治皇帝在宫外开办了隶属国子监的八旗官学，以培养满族官员治理国家的能力。康熙即位后，以内务府无能书善射之人为由，在景山开办了满族的官方学堂，择优录取人才为内务府所用。

雍正七年（1729年），雍正皇帝深感官学的重要性，在紫禁城内开办了"咸安宫官学"，专门培养内务府三旗子弟及景山官学中的优秀者。这些前来学习的子弟（称为"官学生"）须品学兼优，人品出众，长相俊秀。

乾隆年间，乾隆皇帝扩大了官方学堂的招生范围，不仅限于内务府官员的子弟，而是让更多的八旗子弟受到正规的学堂教育。深得乾隆皇帝信任的贴身大臣和珅就是咸安宫官学堂培养的优秀学生，其能言善辩、才思敏捷，深得乾隆皇帝的赏识。

咸安宫官学分为汉书房和清书房，老师由翰林院选派，不仅教授文化知识，还教授骑射与满语等。

官学的学生经过系统而规律的满汉文化学习，学有所成，成为清朝主要的人才来源，而咸安宫则成为清朝的人才储备库。

咸安宫位于武英殿的西侧，前后各有东西配殿，后被袁世凯拆毁，原地盖起了一座西洋风格的建筑，叫宝蕴楼，被袁世凯用于藏宝。袁世凯复辟没几天便下了台，而这座建筑却留了下来。

图：宝纶楼

信仰

烟雾缭绕四处敬佛堂

来自白山黑水间的清朝皇帝不仅尊崇藏传佛教、道教，同时也信奉从关外老家来的原始萨满教。萨满，是对萨满教巫师的通称。

紫禁城内的雨花阁是宫中唯一一座汉藏结合的佛堂，于乾隆十四年（1749年）依照西藏阿里古格的托林寺坛城殿的样式，在明朝原有建筑的基础上改建而成。雨花阁有东西两座配楼，曾分别供奉过三世章嘉和六世班禅的画像，皇帝曾多次在这座佛堂里请喇嘛念经。

雨花阁是外表三层里面四层的建筑，外面一、二层楼阁的外檐用蓝绿色琉璃瓦进行装饰。楼阁里供奉着多尊佛像，让这座精美的建筑成为宫中静谧的修行之处。

从康熙皇帝开始，内务府掌仪司专门设立了管理宫中佛教的机构，叫"中正殿念经处"，主管宫内喇嘛念经与造办佛像。中正殿是供皇帝一人使用的佛堂，没有皇帝的旨意，任何人不得入内。

雨花阁与其他宫殿截然不同，具有浓郁的藏式佛教建筑风格，四角脊上各有一条活灵活现的鎏金铜龙，铜龙在阳光的照射下熠熠生辉。

钦安殿是紫禁城里专门用于开展道教活动的场所，位于御花园的正中，是紫禁城中轴线上的最后一座宫殿。明嘉靖皇帝格外笃信道教，大修了于明朝初年建设的这座殿堂。这座殿里供奉着玄天上帝、伏魔大帝及春、夏、秋、冬四令神牌。嘉靖皇帝特意在钦安殿的垣城上题写了"天一之门"四个大字，这几个字取《易经》中的"天一生水"之意。清朝的皇帝虽推崇藏传佛教，但并不排斥道教。立春、立夏、立秋、立冬日，康熙与乾隆皇帝都曾在钦安殿设道场，架起供案，亲自到神牌前拈香行礼。

钦安殿面阔五间，为重檐盝顶，顶上是一个鎏金宝瓶，宝瓶上是一个伞盖。钦安殿四周建有围墙，使这里成为一个独立的区域，让祭祀活动更加便利。

图：冬日的雨花阁

明朝皇后居住的坤宁宫，在清朝皇帝入住后被改建，成为宫中的萨满祭祀场所，同时也是皇帝皇后举行大婚仪式的地方。坤宁宫西面的几间屋子被隔成一处存放神亭、神像及祭祀器皿的夹间。屋内的北、西、南三面被改成了环形大炕，神像被供奉在炕上。

此外，屋内还放置了三口大锅，每日都要杀猪进牲。每年正月初二举行大祭时，皇帝都要钦点大臣到坤宁宫，祭祀后将肉分给大臣们，以示"分福"，表示皇帝对大臣的恩赐。

慈宁宫是皇太后居住的正宫。平日礼佛敬佛的慈宁宫，终日香烟缭绕，经幡飘动。

图：雨花阁暮色

左页图：雨花阁一角
右页图：慈宁花园一角

书画

风雅至极的文化珍藏

中国书法与绘画历来有"书画同源"之说，二者相辅相成，体现了中国人的审美。自唐、宋，至元、明，中国的书法绘画愈加丰富，成就举世无双，留下了大量精美的艺术收藏品。到了清朝，热爱艺术品收藏的乾隆皇帝将书画收藏及清宫书画推向了巅峰。

养心殿的暖阁里摆放着三件珍宝，令每日在此赏玩的乾隆皇帝百看不厌。这三件被他视为珍宝的书法作品，就是晋代大书法家王羲之和他的儿子，以及他的侄子的书法绝品。

然而，这三件绝品中，只有王珣的《伯远帖》被认为是真迹，王羲之的《快雪时晴帖》和王献之的《中秋帖》都被认为是后世的摹本。但乾隆皇帝并不知道真相，将它们视若稀世珍宝。

乾隆皇帝对字画的喜爱到了痴迷的程度，特意在自己处理政务的养心殿西侧辟出一个只有四平方米的小暖阁，用于收藏和欣赏这三件珍宝。乾隆帝将这里命名为"三希堂"，还专门写了《三希堂记》。这三件书法作品不仅是中国书法作品中的"稀世之珍"，而且是经宋、金、元历代皇帝收藏的"内府秘籍"。

中国绘画与书法历来关系紧密。除了三希堂，乾隆皇帝还在建福宫花园的静怡轩辟出一个雅室，用于存放《女史箴图》《潇湘卧游图》《蜀川胜概图》和《九歌图》四幅绘画作品，这间雅室也因此被命名为"四美具"。令人遗憾的是，这四幅美图现分别被收藏于英、日、美、中四国的博物馆中。

正因为乾隆帝酷爱书画，所以他在位期间丰富了整个清王朝的宫廷书画收藏，在中国的书画收藏史上写下了浓墨重彩的一笔。600年的岁月更迭，让这座皇宫成为珍贵的文化宝库，全盛时期所藏书画珍品达一万件以上。其

图：建福宫

中晋、唐、宋、元书画两千件，明代书画两千件。这些绘画与书法作品完整地展现了中国绘画史与书法史的发展历程，传承了中华文明的审美和观念。

乾隆皇帝用毕生的精力，收藏了中国美术史上几乎所有重要的作品。同时，乾隆帝自己也书写了大量书法作品与匾额。他的这个爱好，无疑成为当时整个清王朝风雅兴趣的风向标。

清王朝收藏的书画中还有两件世界著名的绘画作品：《富春山居图》与《清明上河图》。

《富春山居图》出自元代大画家黄公望之手。

这幅画最初被一名叫吴洪裕的人得到，他喜爱这幅画到了痴迷的程度，必须随时随地将画带在身旁。当他即将去世之时，决定一把火烧掉这幅画，让其陪葬。吴洪裕的侄儿在画卷将要烧尽时，突然心生惋惜之情，急忙将画作从火中抽了出来，但画卷已经被烧成两截。之后这幅画被吴家重新装裱，成为两幅：一幅是以启首为主的画卷，即《剩山图》，另一幅是原画主体，即《无用师卷》。后者被乾隆皇帝用重金购得并收藏，却一直被当成赝品。之所以被当成赝品，是因为乾隆皇帝先前得到过一幅《富春山居图》，是明末文人临摹的。伪造之人既伪造了黄公望题款，又伪造了其他题跋，故蒙蔽了乾隆皇帝。因而清宫里这幅真迹被存放了几百年而没被发现。真伪两幅画作现都收藏于中国台北"故宫博物院"内，那幅《剩山图》现收藏于浙江省博物馆内。

《清明上河图》的命运也跌宕起伏。最初这幅画卷被宋徽宗收藏，之后不幸失踪。辗转到了明朝，一位宰相被抄家后，《清明上河图》才从这位宰相府中重新回到宫内。但不久后，《清明上河图》又神秘失踪，落到了大太监冯保手里。

他巧妙地得到这幅画之后，宫廷里随即开始流传一个小道消息：此画被宫里的小太监偷走藏在紫禁城某处排水管中，小太监想等第二天再取，结果连下了三天雨，这幅画被小太监取走时已经破烂不堪，没法要了。其实这是冯保自己散布的烟雾弹，以掩盖其不择手段得到这幅画的真相。至此，这幅画又消失了。谁也没想到，在乾隆皇帝去世后，这幅画又在被抄家的湖广总督毕沅家里出现，之后它重新回到宫内。只可惜乾隆皇帝无缘见到这幅画的真迹。此后，末代皇帝溥仪以"赏赐"弟弟溥杰的名义，从宫内偷运出一千多幅珍贵书画，以至于大量的宫廷绘画作品散落到了民间。

1950年8月,《清明上河图》在位于沈阳的东北博物馆(辽宁省博物馆的前身)的仓库里被发现,于是,这幅著名的绘画作品再一次回到"宫"中,现收藏于北京故宫博物院。

左下图:乾隆御笔书法
右上图:长春宫壁画
右下图:养心殿内景

瓷器

宫廷御窑景德款瓷器

瓷器是我国的独特发明，是中华民族引以为荣的集艺术性与实用性为一体的文化遗产。

紫禁城里收藏的瓷器数量位居世界第一，达30余万件。

从朱元璋开始，皇家就集能工巧匠在景德镇设置了御用的官窑，而配方与烧制工艺秘不外传。为了表明官窑瓷器的地位，宫廷规定，每件官窑瓷器的底部都要烧制皇帝的年号，以示与民窑器皿的区别。当时，大规模的瓷器生产开始在景德镇流行，民间也逐渐开始广泛使用瓷器。

青花瓷是明朝最具有代表性的瓷器。起源于唐朝的青花瓷在明朝得到了发扬，且达到了鼎盛。清朝康熙皇帝即位后，在继承青花瓷烧制技艺的基础上，又创造性地发明了珐琅彩瓷，其也成为在宫中搭窑烧制的唯一御用瓷器。康熙皇帝为了随时监督烧制过程，将窑搭在了养心殿旁边，可见其用心程度。

雍正皇帝即位后，对珐琅彩瓷的喜爱程度更深了，对每一个瓷器的设计样式、使用原料、器形尺寸都要过问。雍正皇帝的设计不仅让中国传统文化中的四君子——梅、兰、竹、菊——开始出现在器皿上，也使珐琅彩瓷上升到了中国陶瓷制造的最高艺术水平。

乾隆是清王朝太平盛世时期的最后一位皇帝，乾隆年间的陶瓷制造达到了空前规模，景德镇也成为东方瓷器制作中心。

乾隆皇帝不仅对书画艺术有极高的追求，在瓷器烧制方面也表现出非凡且超前的理念，他对瓷器生产的要求格外严格。乾隆年间制造出了"粉青釉交泰瓶"，以及高达86.4厘米，汇集15种釉彩、16道纹饰、12扇开光图案，被称为"瓷母"的大瓷瓶。

明初时，为了减少青铜器的使用，朱元璋下令用瓷器代替青铜器祭祀。宣德青花瓷器画风刚健，堪称绝品；成化斗彩以小巧细腻、色泽莹润而出名。

清代康熙、雍正、乾隆三朝盛世，将瓷器的发展也推到了鼎盛时期。这一时期，瓷器的制作手法既有仿古又有创新。康熙皇帝创造性地发明了釉下豆青彩和白彩，并将其和青花、釉里红集于同一器身，成功创造了"釉下三彩"这种精美的瓷器作品。之后发明的粉彩和珐琅彩，经过雍正、乾隆的发扬光大，变得更加精美。

图：金瓯永固杯

钟表

打开紫禁城的敲门砖

早在两三千年前,我国古人就用圭表、日晷和漏壶作为计时器,记录每天的时辰。明朝时期,古人的计时方法因一位意大利传教士的到来而发生了巨大的变化。

15世纪到16世纪,西方的航海技术迅速发展,东西方海上航线的开辟,让西方传教士将注意力转向了东方。

然而,想拜见中国皇帝并没有那么容易。利玛窦是意大利的一位传教士,于公元1601年来到紫禁城,他带来的献给明朝万历皇帝的礼物中,就包括皇帝从未见过的两座自鸣钟。钟表瞬间吸引了万历皇帝的注意力,他立刻下御旨,允许利玛窦随时进宫来调试钟表,以便自己随时可以听到悦耳的报时声。自鸣钟成为西方传教士打开紫禁城的敲门砖,也成为中国使用机械钟表计时的开端。

18世纪到20世纪,世界钟表的技艺水平大幅度提高。清朝康熙皇帝无比崇尚西方的科学技术,对于机械钟表的研究则更加投入,他还命人在清宫建立了制作钟表的作坊。广州是清朝唯一对外开放的口岸,也逐渐成为民间制造机械钟表的中心,而中国的机械钟表制造工艺也达到了空前的水平。乾隆时期,紫禁城内集中了一大批能工巧匠,他们奉皇帝的旨意制作各种钟表,因此钟表的造型中出现了大量的中国元素,如亭台、楼阁、塔寺等。除了功能实用外,这些钟表还具有极强的观赏性,将中国制造机械钟表的水平推向了一个新高度。

图：铜镀金珐琅转柱太平有象钟（清乾隆）　　图：铜镀金福禄寿三星钟（清乾隆）

图：铜镀金自开门寿星葫芦式钟（清乾隆）　　图：铜镀金珐琅葫芦顶渔樵耕读钟（清乾隆）

藏书

天下图书的汇聚篆刻

顺治帝入住紫禁城后，如何将满文化与汉文化融合并为他所用，成为他要考虑的重中之重。

明朝时便已传入宫廷的西方音乐、医药、钟表、历法、数学等西方文化与科学并没有引起明朝皇帝的重视，倒是让清朝的顺治皇帝很感兴趣。遗憾的是，顺治皇帝因天花早早离世，皇位传给了康熙。

康熙皇帝一生热爱学习，痴迷数理学科，因此，对西方科学有浓厚的兴趣。康熙二十七年（1688年），6位法国科学家在乾清宫受到康熙皇帝的接见，他们带来了多件科学仪器和书籍作为礼物。这些礼物让康熙皇帝见到了他从未见过的西方科学，于是他将这6人留在皇宫，让他们当自己的科学顾问。

西方的科学顾问，加上教授康熙数学、天文的老师南怀仁，让康熙皇帝如鱼得水地陶醉在对西方科学的探索中。

1715年，一艘外国商船抵达广州，当地官吏奏请康熙皇帝，船上的7名传教士如何处置。康熙帝立刻下谕旨：有科技才能的人留下入宫，其余人一律原路返回。这些留下的人中就有画家郎世宁，而郎世宁后来成了宫廷的御用画师。

兼收并蓄的思想，让康熙皇帝与乾隆皇帝都推动了文化与科学的发展，尤其是对大量珍贵图书典籍的收藏，超越了之前的各代皇帝。

清朝的藏书始于顺治入住紫禁城，但多来源于康熙与乾隆两位皇帝执政年间。

为撰修《明史》，顺治皇帝下令搜集明朝史志，康熙、乾隆两位皇帝又博采天下遗书。为撰写《四库全书》，乾隆帝数次下诏求书，并采取奖励政策。

一时间，宫廷内外的大臣们开始广泛搜集各类文档书籍，同时，群儒进献自著或收藏的珍贵文本，这让皇宫内荟萃了宋、元、明各代许多罕见的珍本。大范围的收藏举措，让宫廷收集到的图书达到了 13781 种，其中有很多自宋朝至清朝，经历了诸多藏书者之手的珍藏宝籍。

康熙二十五年（1686 年）四月，皇帝谕礼部与翰林院："自古帝王致治隆文，典籍具备，犹必博采遗书，用充秘府，益以广见闻而资掌故，甚盛事也。"

清朝前期，内务府主持编撰、刊刻和抄写了许多重量级的图书，这些图书成为清朝宫廷藏书的重要来源。清朝的《四库全书》《四库全书荟要》即著名的手抄本。

《永乐大典》是中国古代规模最大的一部类书，全书约 3.7 亿字，包括元朝之前各类书七八千种，共有 22877 卷。乾隆年间编撰的《四库全书》是非常有名的一部书，收录图书 3500 多种，装订成 36000 多册，基本囊括了乾隆之前的所有精品古籍。这部书对保存、整理、传播中国古代文化和思想起到了十分重要的作用。

《四库全书》先后誊写了七部，分别藏于故宫（文渊阁）、承德避暑山庄（文津阁）、沈阳（文溯阁）、圆明园（文源阁）、扬州大观堂（文汇阁）、镇江金山寺（文宗阁）、杭州圣因寺（文澜阁）。但是，由于战火等原因，"七阁"中只有文渊阁、文津阁、文溯阁的《四库全书》得以保留至今，文澜阁也保留了一部分。当年北京紫禁城文渊阁的版本，如今收藏在台北"故宫博物院"；沈阳文溯阁的版本，如今收藏在甘肃省图书馆；承德避暑山庄文津阁的版本，如今收藏在国家图书馆；杭州文澜阁版本残部，收藏在浙江省图书馆。

紫禁城里的文渊阁在太和门东侧，文华殿以北，于乾隆四十一年（1776 年）建成，专门用于储藏《四库全书》。

康熙皇帝为篆刻这些珍贵的书籍，曾特将武英殿作为清朝内府修书、刻书的场所。而他指挥刻书的方法，是运用活字铜板印刷术，堪称创举。不仅如此，康熙皇帝还创世纪地做了一件对国家非常有利的大事，那就是组织测绘了中国第一张带有经纬度的全国地图——《皇舆全览图》。同时，康熙皇帝还因对西方数学的热衷，组织编撰了《御制数理精蕴》等书籍。

太和门西侧有一组建筑，由南向北分别是武英门、武英殿和敬思殿。

蜿蜒的内金水河从武英门前缓缓流过，门内就是武英殿。

武英殿最有名的图书刻版，是乾隆皇帝开创的"聚珍版"。毕昇发明的胶泥活字版印刷技术在北宋的《梦溪笔谈》中有过介绍，后来演变成了铅字活版印刷术，再后来又出现了铜版活字印刷术，这让印刷的字体更加清晰了。在此基础上又发展出了用硬木刻单字，既轻巧又耐用。武英殿的工匠雕刻了25万个硬木活体单字，可以随意拼版印刷，这种版叫"聚珍版"，而用这种版印刷的图书被称为聚珍版图书，十分名贵。著名的《四书五经》《古今图书集成》《二十一史》等都是用这种版印刷的长篇巨著。

图：武英殿大门

服饰

长袍旗装成宫廷时尚

明清两朝的交替,让换了掌门人的紫禁城发生了变化,在宫廷服饰上也受到了满文化的冲击。最为明显的是,长袍旗装替代了"上衣下裳"的两截式汉服。

汉服是汉民族传承了四千多年的传统民族服装,是《四书五经》中所描述的冠服。人们平常所说的"衣裳",实际是指汉人的一整套服装。明朝时,汉族男人除了着装外,最有特色的便是帽子,如"六合一统帽""四方平定巾""网巾"等。"六合一统帽"就是我们现在所说的瓜皮帽,因其由六块黑缎子或绒布等连缀制成,底边镶一条一寸多宽的小檐,形状如半个西瓜皮,故而得名。这种帽子从明朝流行到了清朝乃至民国,逐渐有了色彩,成为当时男人的时尚单品。"四方平定巾"亦称"四角方巾",为明朝官员、儒士所戴的便帽,以黑色纱罗制成,其形四角皆方,因而得名。"网巾"是明代成年男子用来束发的网子,也是明初建立的冠服制度中最具朝代象征的巾服之一。明初,朱元璋命令全国成年男子都要戴网巾,从而使其成为明代最没有社会等级区分功能的服饰。

齐胸襦裙、对襟襦裙等是汉族女子的常服,"三面梳头,两截穿衣"成了汉族女子传统服饰的特点。汉服的款式主要以交领右衽、无扣系带、宽衣大袖为特点。

翩翩少年与妙龄女子穿着汉服时,线条柔美,飘逸灵动。

明朝的第一任掌门人朱元璋是汉人,他"上承周汉,下取唐宋",重新制定了汉服的服饰制度,确定衮冕制度为基本的服饰制度。

嘉靖七年(1528年),再次确定了冠帽之制。冠帽以铁丝为框,外蒙乌纱,冠后竖立两翅(当时称为"山"),正前上方隆起,以金线压出三梁。三品以上,冠用金线缘边;四品以下,不许用金,只能用浅色丝线。

左图：清朝女子服饰
中图：明朝皇帝龙袍
右图：瓜皮帽

明朝时"上衣下裳"的汉族冕服、朝服是皇帝与百官最隆重正式的礼服。服装的颜色、纹样、款式、质地可以清晰地反映出穿衣者的身份、等级和社会地位。

转眼到了清朝。

清朝的掌门人是满族旗人，其服饰制度比中国历史上任何一个朝代都更为繁缛、严格，其中宫廷服饰最为复杂。《大清会典》《皇朝礼器图式》中都对服饰有明确的规定。

清朝的服饰等级，按照颜色、纹样、质地加以区分。而宫廷所用衣料，多数来自江南三个织造局：江宁（今南京）织造局、苏州织造局、杭州织造局。清朝皇帝、皇后的服装包括礼服、吉服、行服、常服、雨服、便服等，基本涵盖了重大典礼、祭祀活动及日常所用。皇帝、皇后的衣料涵盖了绫、罗、绸、缎、纱、缂丝、兽皮等各种材质，样式丰富，花纹精美，制作精良。

皇帝的礼服分为八大部分：朝冠、朝袍、衮服、端罩、朝珠、斋戒牌、朝带、朝靴，冬夏各式共计20余种。

朝冠、朝袍是皇帝参加登基、大婚、万寿、元旦、冬至、祭天、祭地等大典时穿戴的帽子与服装。

衮服是穿于朝袍之外的褂式服装，为朝、祭等庄重的礼仪场合穿的章服。

端罩，满语叫"打呼"，是清朝服饰名。在清代的服饰制度中，这种服饰是皇帝、诸王、高级官员等人在冬季时替代衮服、补褂，套穿在朝袍、吉服袍等袍服外面的一种圆领、对襟、平袖、长及膝、左右垂带的翻毛外褂。

斋戒牌是中国古代行斋戒礼时所置的示警牌，是清朝皇帝在祭祀行礼时必备的一种饰品。

清朝皇帝的朝珠一串一共 108 颗，不同的典礼上，皇帝须佩戴不同材料制成的朝珠。祭天时，佩戴用青金石制作而成的朝珠；祭地时，佩戴用琥珀或蜜蜡制成的朝珠；祭朝日夕月时，分别佩戴用珊瑚和绿松石制成的朝珠。每 27 颗朝珠之间要嵌入一颗大珠，称为分珠，又称佛头，共 4 颗。挂在颈后下垂的饰物叫背云。朝珠两旁共附小珠三串，一边一串，另一边两串，称为纪念。戴法男女有别，两串在左、一串在右为男，两串在右、一串在左为女。

朝带是皇帝用于束腰同时起到装饰作用的腰带，朝靴是皇帝穿朝袍时搭配的靴子。

吉服包括吉服褂和吉服袍，吉服袍就是人们所说的龙袍。历代皇帝的龙袍，都有龙纹的刺绣，龙袍上绣九条龙，前后身各三条，左右肩上各绣一条，前衣襟里面再绣一条。此外还有十二章纹，分为日、月、星、山、龙、华虫、黼、黻、宗彝、藻、火、粉米。这些章纹代表着对大自然的敬畏及崇拜，也表达了人与宇宙的关系。其中，日的图案是传说中的太阳神鸟——三足乌。而月的图案代表月亮，通常月亮中会有蟾蜍或者白兔。星，就是天上的星星，星星之间用线条连接，表示如北极星般的星宿。山，寓意是江山社稷。龙，代表天子。图案中的华虫是现在的红腹锦鸡，象征吉祥。黼即斧，是刃白身黑的斧形，象征做事果断。黻即亚，是黑色与青色相嵌的亚形，取其背恶向善之意。宗彝作为宗庙的器形，代表尊贵与忠孝。藻是水草，取其洁净之意。火即火焰，取其光明之意。而粉米是白米，取其滋养之意，寓意丰衣足食。

行服是皇帝出行或者打猎时穿着的服装，而常服则是皇帝日常居家生活的服装，雨服是雨雪天皇帝出门时的必备服装，戎服是皇帝亲征时的战袍，便服则是皇帝脱下龙袍时穿的服装。

皇后是后宫的统领者,因而其服饰也相当讲究。

皇后的礼服有 10 部分:朝冠、金约、领约、耳饰、彩帨、朝珠、朝袍、朝褂、朝裙、朝靴,冬夏各式共计 20 余种。

皇后的服饰中最有特点的是头饰,所用配饰极其复杂和讲究,具有满族风格。皇后所佩戴的头饰有头花、簪子、头面、大拉翅、扁方、耳坠、耳环等。除此之外,手镯、手串、戒指、扳指、指甲套、朝珠、念珠也是必不可少的配饰。这些配饰的材质有金、银、铜、玉、珊瑚、牛角、珍珠、香木、蜜蜡、玛瑙、水晶、玳瑁、琥珀、红蓝宝石、青金石及绿松石等。

朝冠是皇后戴的帽子;金约则是清朝后妃穿着朝服时佩戴的头饰之一,用来束发。在戴朝冠前需先戴金约,金约形似圆形发卡,由金箍和后部垂缀的串珠两部分组成,以镂雕的金云纹和镶饰的珠宝数目,以及所垂贯珠的形制来区别等级,以反映后妃的等级地位。皇太后、皇后的金约后垂珍珠 5 串,以青金石等玉石作为分节点,将珍珠分为上下两段,谓之"五行

图:清朝皇帝的龙袍

图:清朝皇后的服饰

二就"。皇贵妃、贵妃为"三行三就",其他嫔妃随等级递减。

领约是清朝皇后、贵妃、妃和嫔套于颈间的饰物,用于区别身份。

耳饰通常是耳环等饰物。

彩帨是清代后妃、福晋、夫人所用的一种佩巾,上绣各种纹饰,如五谷丰登、云芝瑞草等。以色彩及所绣的纹饰区分等级,使用时佩挂于朝褂的第二颗纽扣上,垂于胸前。

皇后的朝珠与皇帝类似,只是戴法不同。皇帝是两串在左、一串在右,皇后是两串在右、一串在左。

朝袍、朝褂、朝裙、朝靴都是皇后在典礼时穿着的礼服与靴子。

满族人入住紫禁城以后,对服装产生最大影响的就是八旗人穿着的袍式服装。这种服装不分男女老幼,统一叫"旗装",为满族的传统服饰,满语称其为"衣介"。旗装分为单、夹、皮、棉四种。

女子穿长及脚面的旗装,或外罩坎肩;脚穿长筒白丝袜、花盆底绣花鞋;裤腿扎青、红、粉红等各色腿带。服装由各种色彩和图案的丝绸、花缎、罗纱或棉麻制成。有的旗装会在面上绣一组图案,更多的则是在衣襟、袖口、领口、下摆处镶多层精细的花边。

女子穿旗装时,要盘一种叫大拉翅的头型,梳两把头或旗髻,戴耳环、手镯、戒指、头簪、大绒花和鬓花等各种饰品。古人将上身穿的称为衣,下身穿的称为裳,一身才叫衣裳。满族"衣皆连裳"的旗装,与汉族的"上衣下裳"有明显区别,前者成为清宫具有代表性的服饰文化。

御膳

满汉全席的华丽登场

◆

熙和门的西南方向是紫禁城的御膳仓库，保管着宫廷中所用的各式珍稀食材。

真正的御膳房在南三所的西侧，这里有东西方向 8 楹、南北方向 9 楹、西南方向 12 楹的房屋。御膳房负责供应宫廷每日三餐及节庆礼俗时所用的食物、瓜果、茶点。

皇帝每日的食物十分讲究，制作精细且繁复。皇帝经常在宫中四处巡视，用膳地点并不固定，要视情况临时决定。侍膳太监每日要机灵地及时奉上御膳房精心制作的菜肴，才能博得皇帝的欢心。为保证食物的安全，皇帝用膳前，太监要先检查菜碟中的银器是否变色，以防有毒。清朝皇帝用餐，分早餐和晚餐两顿。早餐一般是早晨的六七点钟。晚餐是在下午一两点钟，实际上也算午餐，在早餐前和晚餐后各有一次小吃，吃点点心。宫廷规定，皇帝、皇后、皇妃、皇子们的膳食都有固定的标准，繁而不乱。

宫廷的菜肴自成体系。随着满族皇帝入住紫禁城，菜肴的风味在传统的基础上又增加了满族特色，逐渐形成了满汉风味俱佳的菜肴。

著名的满汉全席就集中体现了宫廷中的饮食文化。

满汉全席是清朝时期的宫廷盛宴，既有宫廷菜肴之特色，又有地方风味之精华；既保留了汉族扒、炸、炒、熘、烧等烹饪特色，又具备烧烤及火锅等满族烹饪手法，融汇了南北方不同的口味特点，突出了满族与汉族菜点的风味。

满汉全席不仅是宫廷宴会时的菜肴，更是文化瑰宝，代表了中华菜系的最高水准。

满汉全席通常至少有 108 种菜肴，南菜与北菜各 54 道。全席菜式有咸有甜，有荤有素，取材广泛，用料精细，山珍海味无所不有。

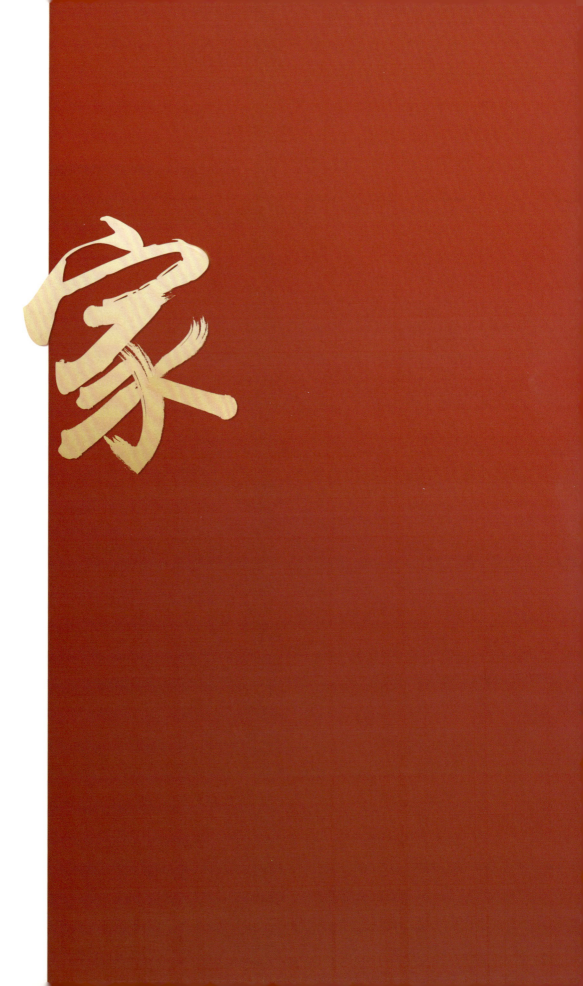

。

一座位于北京城中心的华丽宫殿，惊艳无比，美轮美奂。这是朱家与爱新觉罗家族世代生息的城池，这座城池叫紫禁城。

千秋史册上的"天子"，从太和殿沿御道向北，迈过乾清门便回到了烟火人间，因为

前朝是他的国，后宫是他的家。

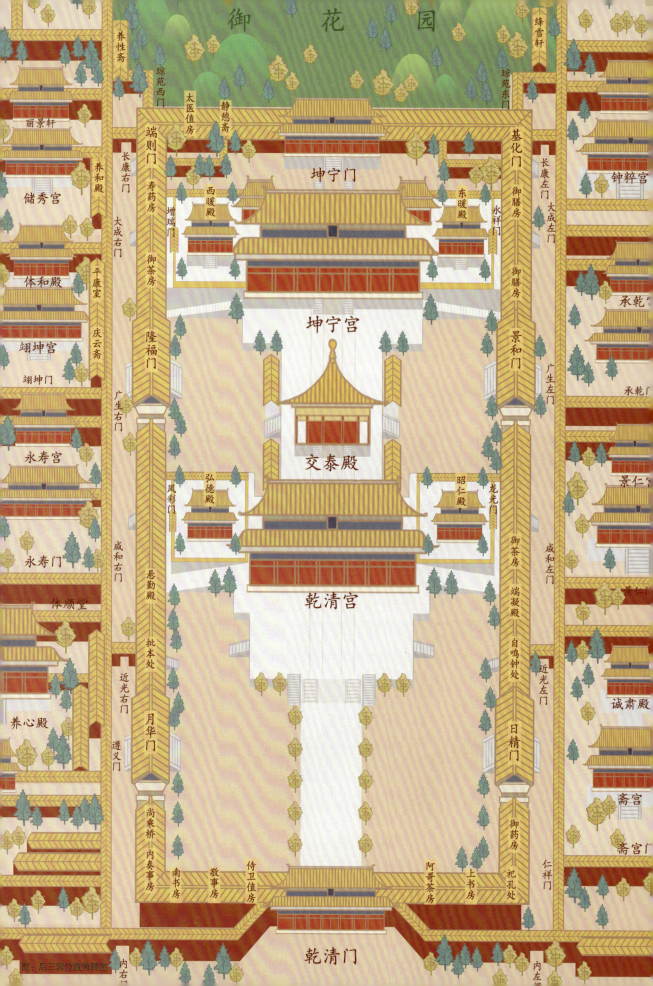

图：后三宫位置俯瞰图

北京城三面环山，自古有"北枕居庸，西峙太行，东连山海，南俯中原"之说。

西部山地，从南口的关沟到拒马河一带统称为西山，是太行山脉的支脉。太行山从山西经河北至北京南口，绵延数百里，历史上称之为"神京右臂"。北部山地统称为军都山，属于燕山山脉，其地势由南向北呈阶梯状上升，间或有盆地，而后进入蒙古高原。

西山与燕山的两条山脉伸向东南方，在南口交会，形成了一处半圆形的大山坳，称为"北京湾"。北京城就在这个坳里的小平原上。

这里冬季寒冷，夏季炎热，四季分明，是朱家与爱新觉罗家族世代生息的地方。

对于紫禁城里的皇帝家族来说，保和殿北面横向的小广场就是他们家门前的禁地。小广场叫横街，有两个门：西侧隆宗门，东侧景运门。前朝后廷的格局，让这个小广场成为国与家的分界线，也成为历代皇帝在家与国之间转换角色的后台。三大殿中的皇帝是国家的最高决策者，而回到后宫，他即刻变成了夫君、皇子或者皇孙。

皇帝每天在家与国之间转换角色，甚至来不及转换就将两种角色交织在了一起，因为家与国本来就是彼此交融又息息相关的。

北京湾里帝王家

乾清门北侧轴线上的三座中心建筑，统称为后三宫，分别为乾清宫、交泰殿、坤宁宫。这三座建筑的主人，其地位尊贵无比。

图：乾清宫

乾清门是皇家宅院的正门,也是康熙皇帝每日听政的地方。

乾清宫

乾清宫是后三宫中的"天"。

《直方周易》将"乾"解释为天、为君、为父。而老子的《道德经》中有这样的表述:"天得一以清",因而皇帝居住的宫殿就被命名为乾清宫。

图:乾清宫内景1

三宫

天地与正宫遥相呼应

从永乐皇帝开始，至顺治、康熙，前后共有 16 位皇帝居住在乾清宫的正殿。而不知何故，康熙皇帝却时常离开乾清宫，在西六宫南的养心殿居住。康熙皇帝驾崩后，即位的雍正皇帝以守孝为名，将养心殿当作临时的"倚庐"，守孝了 27 天，而后再也不愿离开，遂将养心殿当作了自己的寝宫。于是，从雍正开始，之后的 8 位皇帝都依样移居在此，并在养心殿处理政务。

但是，乾清宫地位之重，在明朝乃至清初都显而易见。据史书记载，出于安全考虑，明初的乾清宫分为上下两层，共有 9 间房，每房安置 3 张御床，每张御床都用帷帐围起。皇帝每晚睡哪张床并不固定，27 个帷帐都会落下，连贴身的侍卫也分不清皇帝到底睡在哪里。

乾清宫不仅是皇权地位的象征，也是皇帝接见庶僚、外国使臣，以及举办内廷典礼和家宴、秘密建储、驾崩停灵之所。

自从雍正皇帝将寝宫移至养心殿后，乾清宫除了名义上是皇帝的正寝宫殿，实际上还担当起更多政治、礼仪上的功能。

清朝的一项政务活动就是皇帝在乾清宫召见大臣。

凡是遇到朝廷提拔重用、保荐、革职官员或官员俸禄届满等重大事项,皇帝均要在乾清宫当面召见相应官员。

清朝的鼎盛时期,莫过于康熙、雍正、乾隆祖孙三代执政的时期。这一时期,乾清宫举行过的千叟宴被载入史册。千叟宴是皇帝举行的大型家庭宴会,用于庆祝皇帝的生日,以及宴请年长者。

康熙与乾隆都曾在乾清宫举办过千叟宴。

千叟宴于康熙五十二年(1713年)第一次在畅春园举办,参加者年龄皆在65岁以上。康熙六十一年(1722年)春天又举办过一次,席间康熙帝赋七律一首,其他人也各赋七绝一首,这些诗作被收录编成了《御定千叟宴诗》。

乾隆也举办过两次千叟宴,一次是在乾隆五十年(1785年),参加人数超过3000人。同样,乾隆与参加宴会的受邀者赋柏梁体联句一百韵,每人自由赋诗数首,也收录进了《御定千叟宴诗》。

左页图:乾清宫内景2
右页左图:乾清宫内景3
右页右图:乾清宫内景4

图：2019年上元节时悬挂的灯笼，仿佛让人梦回大清朝

另一次是在嘉庆元年（1796 年），乾隆皇帝创历史性将皇位禅让给了儿子，又恰逢自己寿辰，于是又举办了更大规模的千叟宴，而这次也是历史上最盛大的一次千叟宴。当时的乾隆皇帝已成为太上皇，他宴请了来自全国各地老寿星。宴席上，乾隆诗兴大发，依康熙皇帝当年在千叟宴上所作之诗的原韵赋诗，赢得满堂喝彩。遗憾的是，这次宴会上的诗词未编辑成册，这次盛大的家宴也成为清朝历史上最后的国宴。

此外，后宫的节令家宴也多次在乾清宫举办。

伴随宫前廊下响起的中和韶乐，家宴随即开幕。皇帝御座左右各有两排的席位，王公贵族、文武官员按品级沿东西向排开，一直排到乾清门的内廊。席间君臣推杯换盏，中和韶乐萦绕耳畔，烘托出皇家的雅致、尊贵与庆典气氛。而当文武百官山呼行礼之时，丹陛大乐则在乾清门廊下响起，整个庭院沉浸在欢乐喜庆的气氛中。

每年的农历十二月二十四日，都要在乾清宫、皇极殿和建福宫安设天灯与万寿灯，灯罩内燃烧的蜡烛，直至农历二月三日才熄灭。

除夕之夜，内务府大臣必到乾清宫前的庭院更换万寿灯。万寿灯由大小 128 盏灯笼组成，除此之外，乾清宫汉白玉的栏杆上还要悬挂 194 盏宫灯，两旁的甬道要悬挂 120 盏宫灯，乾清门挂大红宫灯 5 盏，乾清宫的宫檐下也必定要挂上大红宫灯 9 盏，这些宫灯将乾清宫里里外外装扮得通透明亮。每逢正月十五，这里更是呈现出一派皇家的喜庆景象。皇帝率后宫家眷观灯、赏烟花，以家族团聚的形式度过这一传统的节日。

坤宁宫

坤宁宫是后三宫的"地"。

坤宁宫不仅是明朝皇后的寝宫，也是清朝康熙、同治、光绪 3 位皇帝与其皇后的洞房之地。

坤宁宫与乾清宫相对，乾清宫在前，坤宁宫在后，体现了天清地宁的美好寓意，暗含中国古时夫唱妇随的理念。

尽管住进了紫禁城，但身为满族人的爱新觉罗家族并没有忘记自己原来的生活习惯和信仰。于是，以母仪天下的姿态示人的坤宁宫被改造了：东边是皇帝新婚的洞房，西边成了祭祀家乡萨满教的场所。不仅窗户从棂花槅扇窗改为直棂吊搭式窗，窗户纸也改为糊在外面，

1	2
3	
4	5

1 坤宁宫洞房内陈设的凤凰装饰物
2 坤宁宫中的喜字
3 坤宁宫内皇帝与皇后洞房的大炕
4 坤宁宫内的匾额
5 坤宁宫内的凤凰刺绣

一切都变成了满族的风格。最显著的是坤宁宫后面竖起的一座大烟囱，因为宫内要烧炕排烟，此外，宫内还设有锅灶，因为要架锅煮肉，举行祭祀活动。

宫中唯一不变的是对多子多福的祈盼。大红的缎绣百子被、百子褥，都是无言的证明。宫中众多的谐音寓意传达了皇家祈求子孙兴旺、延绵不绝的美好愿望。

交泰殿

在《易经》中，"交"是一个非常重要的概念，有"通气""结合"的意思，代表吉兆、泰卦。而交泰殿处于乾清宫与坤宁宫之间，寓意为乾清宫、坤宁宫之间天地相通，阴阳交泰。

其实，这座宫殿在明初建造紫禁城时并不存在，为什么后来会出现呢？

中国古代的天文学家为了区分天文星象，将星空划分成三垣四象二十八宿。三垣即太微垣、紫微垣、天市垣，紫微垣是三垣的中垣，在北天的中央，所以又被称为中宫或紫微宫，以北极为中枢，东、西两藩共有主要亮星十五颗星。

明初设计紫禁城时，以"三垣固其根本，四象壮其观瞻"为基本理念，并以天上的紫微垣与地上的城垣相对，寓意皇帝是天子，住在地上正中的宫中，应与紫微垣位于天上正中一样。

在建造紫禁城时，谁也没发现这一理念与现实有什么出入。

转眼到了嘉靖年间，不知怎么就突然发现，皇帝居住的乾清宫与皇后居住的坤宁宫，加上嫔妃居住的东六宫和西六宫，总数比紫微垣的星数少了一个！这可不得了，嘉靖皇帝立刻命人在中轴线上，于乾清宫与坤宁宫之间再建造一座宫殿，并将其命名为交泰殿。这样，后三宫与东西六宫加起来，宫殿数刚好也是十五，与紫微垣的星数一致，而新建的交泰殿也象征着皇帝与皇后和睦、吉祥。

就功能而言，交泰殿是明清两朝皇后彰显母仪天下的姿态的地方，也是皇后主持后宫行赏的地方。皇后在此接受众嫔妃、福晋的祝贺，以及皇子们的行礼。更重要的是，清朝皇帝将行使各种权力的"二十五宝"存放在交泰殿，为这座宫殿赋予了更高权力的精神象征。

六院

一场风花雪月的往事

后三宫的东西两侧，各有两条南北向的巷道。每条巷道自南向北各建有三座宫阙，从而形成了东西各六宫的格局。而每座宫阙都建在边长为50米的地基上，形成一个独立单元，外围筑有高墙。宫阙正面是一扇琉璃砖门，门前是殿，殿后为室，并建有配殿，而后室两侧又建有耳房，从而形成了一正厢、前后二进的三合院落。这些院落就是皇家的东西六宫，民间习惯称其为"六院"，"三宫六院"之说即源于此。

东六宫分别是钟粹宫、承乾宫、景仁宫、景阳宫、永和宫与延禧宫。西六宫分别为永寿宫、启祥宫（太极殿）、长春宫、翊坤宫、储秀宫、咸福宫。

东西六宫本是皇帝的妃嫔们的居住地。自雍正皇帝将寝宫移到养心殿之后，皇后也在东西六宫选择了院子居住。明清两朝，这些院子并不会住满嫔妃。因为每个皇帝的喜好不同，后宫的嫔妃数量不等，所以很多时候这里有的院子都是空的。就比如明朝的弘治皇帝朱祐樘，他是中国历史上唯一一位后宫只有皇后的皇帝。

明太祖朱元璋在地位巩固后，认为没必要再利用联姻来化解政治矛盾，遂决定改变皇室择婚的原则。他规定，但凡天子的后妃，一律择良家女子以礼聘娶。于是明清时的后宫嫔妃多数从民间选择。而选择的程序非常之繁复与严格。

时光倒流回明朝天启元年，让我们回望一下那年宫廷选妃的情景。

从全国挑选来的5000名十三岁到十六岁的少女，先由宫内太监按每100名为一队进行初选。太高、太矮、太胖、太瘦都属不合格，逐一被淘汰。初选淘汰近千人后，剩下的少女于第二天再由宫内太监仔细查看眼睛、鼻子、嘴巴、头发、皮肤、肩、腰、腿，不合格的被淘汰。之后剩余的少女自报姓名、籍贯，目的是听其声音，若口齿不清，则被淘汰。留下的少女过几日再次由宫内太监测量手与脚，手过粗、脚过大的少女被淘汰，同时还会考察少女们的步姿和风韵。最终，能作为备选者进宫的仅仅剩下几百人。这些备选少女进宫后还需要再由宫廷内的老侍女亲自进行贴身体检，最后体检合格的只剩下300名左右。这300名少女经过一个月的宫廷学习，要再次接受言谈举止、礼仪规矩等考察，最后只能留下50名优胜者，其余人全部返回原籍。而这些留下的少女真正能被御赐为后妃的只有几位。

明朝后宫大致分为后、妃、嫔3个大等级，到了清朝，后宫的等级由康熙皇帝确立为8级：皇后、皇贵妃各一人，贵妃二人，妃四人，嫔六人，贵人、常在、答应各级不确定人数。清朝规定，凡是八旗人家十三岁至十六岁的女子，必须参加每三年一次的选秀。

慈禧（叶赫那拉氏）17岁时从满洲下五旗的镶蓝旗被选入宫中，并被封为兰贵人。后因身份贵为太后，家乡所在旗被抬高为上三旗的镶黄旗。兰贵人在后宫的排位最初是第六级，后来因工于心计、娇媚迷人、识文断字，成功博取了咸丰皇帝的欢心，从贵人晋升到了妃，被封为懿妃。之后凭借为皇家延续了香火——生下皇子载淳，逐步升为懿贵妃。皇子登基时，懿贵妃被尊为圣母皇太后，徽号慈禧，时年才27岁。

慈禧最早住在西六宫的储秀宫，慈安皇后住在东六宫的钟粹宫，两位被分别称为西太后与东太后。养心殿的东边是东暖阁，慈安、慈禧两宫太后就是在这里垂帘听政的。

那么，皇帝是如何召幸嫔妃的呢？

每天晚膳时，皇帝的餐桌上会摆放刻有嫔妃名字的绿头牌，皇帝用膳后会翻动这些绿头牌，从中选出侍寝者的名牌。皇帝若没有兴致，则说声"去"，太监就会退下。这些绿头牌上的嫔妃早已梳洗打扮好，等候在养心殿后面的围房里。皇帝翻到哪个绿头牌，就由该绿头牌对应的妃嫔侍寝，没有被翻到绿头牌的妃嫔则回到各自的住处。

皇帝寝宫的后方有两个耳房。东耳房体顺堂是皇后侍寝时的临时居所，西耳房燕禧堂是皇贵妃侍寝时的临时居所，而东西围房是嫔妃及以下等级者侍寝时的房间。

这些绿头牌的主人，她们或许集万千宠爱于一身，或许孤寂一生，这完全取决于翻动绿头牌的这个男人。

高高的宫墙见证了无数的悲欢离合，也见证了许多生离死别的

上图：储秀宫的匾额（慈禧太后题）
中图：储秀宫内景
下左图：储秀宫内的梳妆台
下右图：钟粹宫内景

伤心往事。

1888年,光绪皇帝到了选妃的年纪。一对姐妹被选入宫,姐姐被封为瑾嫔,妹妹被封为珍嫔,后又双双被封为妃。妹妹比姐姐长得美,会唱曲儿,且能诗善画,活泼聪颖,深得光绪皇帝的喜爱。

然而,此时的光绪皇帝却是一个当不了家、做不了主的傀儡皇帝,他所有的主张都要经过慈禧皇太后的同意。这个时期的清朝国力已经开始衰退,且处在内忧外患的局势中。尽管珍妃与光绪皇帝恩爱有加,但感情与政治相比,是那么不堪一击。光绪皇帝主张变法,以扭转国家落后的局面,但慈禧不同意。于是皇帝与皇太后在政治上形成了两派,且矛盾日益激化。珍妃勇敢地宣誓,站在皇帝一边,并鼓励光绪皇帝革新变法,这让慈禧皇太后心生不悦。所以,光绪二十四年(1898年)戊戌变法失败后,光绪被慈禧软禁,同时,珍妃也被禁闭在景棋阁后的小院里。

不久,宫外掀起了反对官府的热潮,同时八国联军也开始攻打北京城。为了逃难,慈禧皇太后准备前往西安,让妃子们各回娘家躲避。然而,倔强的珍妃却执意跟随光绪帝,并强烈要求光绪皇帝坐镇京师。因受到慈禧的阻挠与迫害,性格刚烈的珍妃投井自杀。另有说法,称慈禧命太监将珍妃推下了井。无论是怎样的过程,这口位于宁寿宫花园北侧的石头小井都因珍妃而得名,后人将这里称为"珍妃井"。

可怜的光绪皇帝虽贵为一国君王,却连一个自己爱的妃子也保护不了。而此时的清王朝也早已没了往日的辉煌,已经岌岌可危。

子嗣

红墙内勤学的孩子们

每天天还没亮,孩子们便一一被嬷嬷叫起床,穿上衣服后,由内务府太监引领着走出屋门。他们从后宫最北边向南步行到达乾清门,再拐向乾清门东南边的庑房,点上白纱灯,开始一天的学习。

这些孩子便是紫禁城里的皇子皇孙们,他们被叫作"阿哥",按出生顺序排辈,他们学习的地方叫上书房。

上书房是康熙二十三年(1684年)设立的,那时康熙皇帝的几个皇子都已长到十余岁了,读书启蒙成为他们成长的头等大事。或许是康熙深感自己童年无师教导的遗憾,他决定要为皇子们选择最好的老师,而开蒙读书之处就选在自己理政的乾清宫东南侧庑房,以便随时了解皇子们的读书状况。

爱新觉罗家族入住紫禁城后,为了掌管天下,对培养子嗣格外重视。康熙皇帝期望皇子们文武双全,因此让孩子们一律接受双语教学,分别由汉人师傅教授汉文化,由满族谙达教授满语、骑射、火器。

这些谙达由满族八旗中精通弓马、语言娴熟的精英人士担任。汉人师傅则必须是翰林院中饱读诗书的大学士。皇子们每天早晨6时进上书房读书,下午4时左右才下课,虽严寒酷暑而不辍。一年之中只有元旦、万寿节、端午节、中秋节及本人生日时才能休息。

乾隆皇帝从9岁开始,五更天就被嬷嬷叫起床前去读书,在苦学中度过了多年的时光,登基后也依然保持着五更天起床的习惯。乾隆14岁开始写作,20多岁依然每天与《四书五经》等中国古书相伴,从而培养了深厚的汉文化底蕴。他不仅从汉文化中借鉴历史经验,还四处收藏民间书画,成为整个清王朝的宫廷书画收藏家,在他当政的半个多世纪里,清王朝登上了盛世之巅。

嘉庆皇帝6岁开始进入上书房学习,13岁学作诗,17岁学作文,一直学习了30年。道光皇帝6岁诵读经书,一读就是30年。皇家的孩子们,

图：太和殿与保和殿夜景

自幼便肩负着父皇的期望,因为只有胆识过人、学识渊博的皇子才能被其父皇青睐。

然而,"天下第一家"的皇子们,其实并不能如常人般从小生活在父母的身边。

皇帝得子,无论是皇后所生还是嫔妃所生,孩子呱呱坠地的那一刻便要被抱走,单独由乳母喂养,断奶后再交由内侍太监伺候。而太监们也按职责分工,每个人只负责皇子们日常生活中的一项。从饮食生活到行为仪态,太监们都要一一教导,直到皇子们到了可以去上书房学习的年龄,内侍太监仍然需要每日陪伴皇子上学放学。

后妃怀孕叫"遇喜",母凭子贵在宫廷中是默认的规则。《钦定宫中现行则例》中有这样的规定:嫔妃怀孕,每日食用加半,有生母者,准许进内廷照看;皇后生子,满月时赐银一千两,衣料三百匹等。

图:太和殿与丹陛上的铜鹤夜景

立嫡长子是中国历代王朝遵循的规矩：皇后所生长子是第一皇位继承者。若皇后无子，则立普通嫔妃所生长子。若所有嫔妃都没有生子，则需从同姓皇族中过继一位男子，将其立为太子，以继承皇位。

但世事难料，从明到清，由皇后嫡亲长子继承皇位的寥寥无几，于是后宫的妃子们和皇子们对皇位的竞争便成了让皇帝头疼的事情。暗中考察皇子的能力学识、勇武孝心，是皇帝立储之前要做的一件大事。

与东西六宫相隔一条巷道的北侧，东西各建有五座并排的院落，分别叫乾东五所与乾西五所。每个院落内各建有前后三重殿堂及厢房，形成了前后三进的格局。这里便是皇子们的居住地。

乾西五所位于后三宫北面御花园的西侧。正中间以中路为主的三座院落是乾西五所的重心。乾隆还是皇子时，居住在西二所，17岁在此完婚。虽然当时他已被雍正秘密建储多年，但由于太子的身份并不能公开，因此他不能公开在太子宫居住。乾隆被秘密建储后，直到登基也未享受过太子的待遇与实权。虽然康熙皇帝恩准乾隆入住过被视为太子宫的毓庆宫，可因为雍正开创了秘密建储制，太子的身份成为宫廷的谜底，于是为了避嫌，乾隆很快又以普通皇子的身份搬回了西二所，他心中对自己没住过太子宫这件事一直耿耿于怀。于是，登基后他将整个乾西五所进行了改造——将西二所升为重华宫，头所改建为漱芳斋并搭建小型戏台，西三所改成了厨房，西四所和西五所开辟成了建福宫花园——实现了自己心中太子宫的格局，弥补了自己没住过太子宫的遗憾。

重华宫是乾隆还是皇子时的卧室，改建后依然保留了当时的婚房，以及洞房花烛时的陈设，体现了乾隆皇帝对少年时美好感情的怀念。

明朝至清朝初年，乾东五所一直是皇子皇孙的居住地。乾隆三十年（1765年）前后，乾隆皇帝将头所至第五所依次改为如意馆、寿药房、敬事房、四执库和古董房。九年后，乾隆皇帝又下谕旨，将三所、四所的装修拆挪后用到了头所、二所上。焕然一新的头所、二所为乾隆秘密建储的皇太子——未来的嘉庆皇帝——结婚所用。嘉庆皇帝登基前以皇十五子的身份在这里迎娶了自己的福晋，头所、二所再次成为皇子的居住地。

图：南三所

真正的太子宫是毓庆宫。毓庆宫不在乾西五所与乾东五所，而是在南三所。

南三所是一组建筑的统称，位于乾清门的东南方向，箭亭的东侧。

明初这里是由独立院落围合成的一组建筑，正中的建筑叫撷芳殿。撷芳殿是实行秘密建储制之前太子的正式寝宫，称为东宫。

乾隆皇帝登基后于乾隆十一年（1746年）对这里进行了改建，院落被一分为三，变成了三个独立又相连的院落，它们被统称为南三所，也叫阿哥所。嘉庆、道光、咸丰做皇子时，都曾住在阿哥所。

遗老

颐养天年的太皇太后

紫禁城的后宫除了三宫六院之外,还以乾清门为中心,在东西两侧设置了颐养太上皇与皇太后的宫殿,分别为宁寿宫区与慈宁宫区。这一特殊格局,彰显着太上皇与皇太后在这个家族中至高无上的地位。

位于乾清门东侧南北巷道的道东中路的是宁寿宫区,包括皇极殿、宁寿宫、养性殿、乐寿堂、颐和轩、景祺阁六座建筑。这个区域呈微缩版的前朝后廷格局,像是宫中宫,更像是紫禁城中的小紫禁城。

乾隆皇帝是明清两代少有的长寿皇帝,也是执政时间最长的皇帝之一。他的祖父康熙皇帝8岁即位,在位长达61年,开创了在乾清门听政的制度,

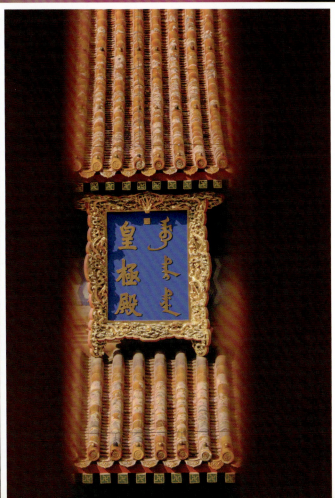

左页图：宁寿门汉白玉望柱
右页上图：宁寿宫
右页下图：皇极殿

几十年坚持不懈，几乎天天早朝，与明朝嘉靖皇帝 20 年不听政、万历皇帝 20 多年不上朝的昏庸形成了鲜明的对比，成为中国几千年历史上最勤政的皇帝之一，开启了清王朝走向巅峰的引擎。而乾隆帝的父亲——雍正皇帝——虽仅仅在位 13 年（58 岁便病逝在宫中），但开创了秘密建储制这一权力传承方式，让乾隆成为清朝历史上第一位以秘储方式登基的皇帝。

由于健康长寿，乾隆又成为清朝唯一一位以禅让方式传承皇权的皇帝。

他禅让皇位不是因为年迈，而是因为他在 25 岁即位时就发誓，为了表达对爷爷的尊崇，在位时间绝不超过爷爷，在位满 60 年就禅让皇位。于是在位 37 年后，乾隆便开始着手肇建自己养老的宫殿。

以皇极殿为核心的建筑群便是乾隆皇帝为自己修建的"养老院"，而这个"养老院"是将先皇们原先的宫殿群加以改建而成的。皇极殿外观类似小一号的乾清宫，内部配置又完全仿照太和殿，是乾隆帝设想的接见大臣（退而不休）的地方。

乾隆帝这么做，是因为放不下皇权还是担心继位的嘉庆皇帝执政能力弱，我们不得而知。但是"皇极殿"三个字，却能让我们领略到乾隆皇帝当时志得意满的心境。

精力充沛的乾隆皇帝曾 6 次下江南，

左页图：乐寿堂花阁
右页上图：乐寿堂
右页下图：乐寿堂光影

87 岁依然可以开弓射箭、出塞狩猎、饮茶赋词、挥毫丹青，极尽风雅之事。等来了玄孙的降生，幸福与兴奋让乾隆皇帝书写下了"五福五代堂"的匾额。这位长寿的皇帝自幼练习书法，每日读书写字不疲，留下不少真迹，其汉文化修养与书法造诣也在历史上留下了浓墨重彩的一笔。

皇极殿后面的乐寿堂原本是乾隆设想的禅让皇位后自己居住的地方，但是他一天也没住过。从执政到退位，乾隆一直住在养心殿。晚清时的慈禧太后倒是在乐寿堂的西暖阁住过一阵子。

乾清门外的隆宗门西侧是慈宁宫区。

这一区域的核心建筑慈宁宫是皇太后的正宫，它就像一个磁力中心，围绕在其右侧的是皇子们居住的二所和三所，左侧是寿安宫和寿康宫。慈宁宫连同寿康宫、寿安宫，一起构成了以礼佛敬佛为主要生活的太后和太妃们的居住地。

慈宁宫建于明朝嘉靖十五年（1536 年），早期是明朝皇贵妃的住所，清朝时成为皇太后的正宫，陈设更加奢华，前面的露台上有铜鼎、铜龟、铜鹤、日晷、月晷等。乾隆年间，这里进行了重建，单檐被改为了重檐，后殿被改为了大佛堂。

以慈宁宫为中心的这一片区域，像是后宫女性的乐园，皇太后、太妃们在这里过着吃斋念佛，有地位、有荣耀的宫廷生活。而明朝早期的太妃们却没有这样的福分。

在明英宗朱祁镇之前，祖制规定，宫廷内所有的后妃都要在皇帝驾崩后殉葬，无缘养尊处优的生活。因为太过残忍，朱祁镇便废黜了这一残酷的制度，建造了仁寿宫，以供养先帝的遗孀。此后的皇太后与太妃们才得以留在宫中颐养天年。

清朝时，仁寿宫被重建并改名为慈宁宫，孝庄皇太后成为第一位正式入住的主人。孝庄皇太后是顺治皇帝的母亲，康熙皇帝的祖母，因在清朝入关、招抚明朝将领等方面发挥了重要作用，所以在顺治与康熙两朝都受到了朝廷的格外尊重。康熙幼年时，其父皇常年征战，康熙没有得到父母的陪伴，只有祖母在其成长与登基掌权的过程中一路相随辅佐，成就了康熙皇帝的千秋霸业。因而，康熙皇帝即位后的近 30 年里，对这位祖母极尽孝养，直至祖母 75 岁高寿而终。

右页图：慈宁宫

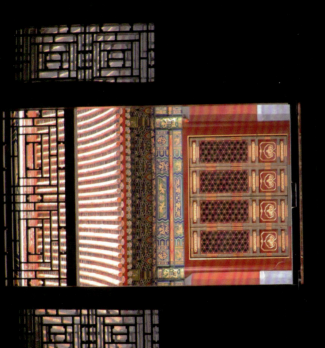

图：皇极殿内景

图:皇极殿内的蟠龙金柱与御座

慈宁宫还住过另一位女主人,她就是乾隆皇帝的母亲孝圣宪皇太后。母凭子贵的宫廷生活,让这位满族格格享尽荣华。在乾隆皇帝的侍奉下,这位母亲成为清朝最长寿的皇太后,享年 86 岁,而乾隆皇帝也因"以孝治天下"而著称于世。

每逢节庆盛典,皇太后都要在慈宁宫接受皇子皇孙、后宫一众眷属的拜贺。同时,慈宁宫也成为皇太后的外交场所。皇太后在这里宴请下嫁外藩的公主,以及王公贵族的福晋、夫人,用外交手段维系着与各路外藩的亲密关系,发挥着后宫的情感战略作用。

陵寝：皇帝家族最后安歇处

中华文化中对死亡的说法有很多禁忌，经常会用其他词来指代。据《礼记·曲礼下》记载："天子死曰崩，诸侯死曰薨，大夫曰卒，士曰不禄，庶人曰死。"

按照祖制，皇帝刚去世不久，还没上谥号的时候统称为"大行"皇帝。"大行"是皇帝出了远门永远不回来的意思，用词十分隐晦。

乾清宫是皇帝的正式寝宫，因而"大行"皇帝的灵堂必然设在此地，且无论皇帝驾崩于哪里，其棺椁都必须在乾清宫停放一段时间，以示寿终正寝。新皇帝守孝期间，必须剪去一寸发梢以示哀悼，百日内不得近女色，不得饮酒、奏乐、行乐。

守孝期间，新皇帝要选一处清静之所，此场所称为"倚庐"。

为表哀思，倚庐不设床铺，只有"居庐食粥，席薪枕块"才能充分表达孝子的一片诚心。

明清两朝不仅留下了一座辉煌的宫殿，还留下了令世人惊叹的皇家大型陵寝建筑群，该建筑群成为皇帝家族最后的安歇处。

明朝一共有16位皇帝，现存皇陵有明初三陵（即安徽凤阳朱元璋父母及兄嫂陵、江苏盱眙朱元璋的三代祖陵、南京朱元璋的孝陵），北京昌平的明十三陵，以及北京西山的景泰皇帝陵与湖北钟祥嘉靖皇帝的父陵——显陵。

明代的陵寝遵循了"因山为陵""帝后同陵"，各代陵墓集中在同一兆域的古制。明朝的皇陵布局分为前后两个区域，以祾恩殿为核心的祭祀区在前，以方城明楼为标志的地宫区居后。

明朝开国皇帝朱元璋的孝陵位于南京的钟山，面向阳坡。整个陵区由内外两道围墙圈护，主体建筑坐落在一条中轴线上。从外围城墙的正门开始，

图：明十三陵方位图

轴线上的建筑配置依次为大金门、碑亭、神道、石兽、望柱、翁仲、金水桥、陵门、祾恩门、祾恩殿、内陵门、方城、明楼、宝城、宝顶。这条轴线从碑亭北侧向西延伸，绕过梅花山至外金水桥，形成了独特的帝陵神道布局。

朱元璋的皇陵开创了明代陵寝的建筑新格局。

明成祖朱棣迁都北京后，紫禁城里共住过 14 位明代皇帝。除了景帝朱祁钰因故葬在北京西郊玉泉山北麓的金山口外，其余的皇帝陵都在北京昌平的天寿山下。天寿山下的这些陵墓统称为明十三陵。

明十三陵以永乐皇帝朱棣的长陵为中心，坐北朝南，依山势布置在天寿山南麓。

一条长长的神道深入陵区，从入口处开始，依次建有陵门、碑亭、陵恩门、陵恩殿、明楼、宝城等。这条神道可以通往各个陵寝，每座陵都建在一片山坡上，各成体系。

清代皇陵共有五处，其中关外有"盛京三陵"（永陵、福陵、昭陵），关内有河北省遵化市的清东陵与保定市易县的清西陵。

关外的永陵是清太祖努尔哈赤的祖陵，而努尔哈赤的陵寝是福陵，清太宗皇太极及其皇后的寝陵是昭陵，福陵和昭陵均在辽宁省沈阳市的郊外。

从顺治皇帝开始，清朝皇帝家族的陵寝便继承了明朝的规制。

清东陵位于河北省遵化市昌瑞山南麓，有皇帝陵五座，分别为清世祖顺治皇帝的孝陵、圣祖康熙皇帝的景陵、高宗乾隆皇帝的裕陵、文宗咸丰皇帝的定陵、穆宗同治皇帝的惠陵。此外，还有四座后陵，以及王爷、公主、皇子等皇室子弟的园陵多座。这一陵区以孝陵为中心，皇帝、后妃等人的陵寝按照等级排列在两旁。

清西陵是清朝修建的第二座大型陵墓群，有皇帝陵寝四座，后陵三座，以及王爷、公主、皇子等皇室子弟的园陵多座。皇帝陵为世宗雍正的泰陵、仁宗嘉庆的昌陵、宣宗道光的慕陵、德宗光绪的崇陵。末代皇帝溥仪去世后的骨灰也被移葬于西陵的皇家陵墓群中。

怡情阆苑琼阁宇

紫禁城里一共有四个休闲怡情之处，分别是御花园、慈宁宫花园、建福宫花园及宁寿宫花园。这些花园风格各异，精致典雅，陪伴着主人度过了几百个春夏秋冬。

右页图：宫廷里的春天

御苑

春花秋月宫廷静憩园

后三宫以北，正对着神武门的地方有一片古树，繁茂的苍松翠柏下掩映着一座精巧的花园，这便是紫禁城中最大、最怡人的花园——御花园。春有花、夏有荫、秋有月、冬有雪的御花园，成为乾隆皇帝最爱的休闲之处。

御花园明代称为"宫后苑"，清代称"御花园"，始建于明朝永乐十八年（1420年），经历了几次修建，如今仍保留着初建时的格局。这里奇石罗列、古树成荫，皇帝与后妃们在这里赏月、观花、吟风、踏雪，这里就是紫禁城后宫的世外桃源。

园子里的甬路是用方砖铺砌而成的，两侧的地面上用鹅卵石装饰出了花卉、人物、戏剧、典故等图案，典雅清幽，别具一格。

御花园迎门处是一对连理枝，缠绕依偎，形成了人字形的姿态，高耸在香炉前，是花园中最引人瞩目的古树。

御花园北面正中有一座殿堂，香烟袅袅，皇帝在此拈香行礼。这座殿堂叫作钦安殿，位于紫禁城的中轴线上。

御花园以钦安殿为中轴左右对称。钦安殿东侧有摛藻堂、凝香亭、浮碧亭、万春亭、绛雪轩，西侧有延晖阁、位育斋、玉翠亭、澄瑞亭、千秋亭、养性斋。

左页图：御花园浮碧亭
右页图：御花园1

传说每年七月初七，天上的牛郎织女要在鹊桥相会。而这一天宫里会在御花园祭祀牛郎星、织女星。夏夜，满天星斗闪烁着微光，微风中传来蟋蟀与青蛙的低吟。树影婆娑，香烟缭绕，为御花园平添了些许浪漫。

建福宫花园是乾西五所内一处花园式的院落，原址是明朝乾西五所的四所与五所。到了清朝，乾隆皇帝将自己做皇子时居住的院落升格为重华宫后，将四所和五所改造成了一座小花园。

这里原有建筑众多，因而乾隆皇帝利用原有的环境，将此处改造成了以建筑为主的景观。三进的院落，前殿后寝的格局，富丽堂皇的装饰，让这里独具特色。这里庭院游廊环绕，奇花异草芬芳，珍奇古树参天，四季景色各异，成为乾隆皇帝另一处放松精神之所，也是乾隆皇帝十分得意的雅致之地。

左页上图：御花园2
左页下图：御花园的春天

上图：宫墙与落花
左页下图：故宫冬雪
右页下图：御花园池塘内的荷叶与金鱼

建福宫花园的室内收藏着文物珍宝、名人字画、佛经、书籍、金佛、金塔、法器、珍贵铜器及稀有瓷器。末代皇帝溥仪大婚时的全部礼品及用品曾存放于此。然而世事难料，偶然的一次巡视，让溥仪决定对这些珍贵的文物进行清点整理。可第二天深夜发生了火灾，一场大火将建福宫连带附近的宫殿烧为了一片焦土，大量珍贵文物付之一炬，损失惨重，难以计算，火灾起因也成为晚清宫廷的一个未解之谜。

宁寿宫花园也叫乾隆花园，建在宁寿宫区域的西北处，是一个南北向狭长的由4个庭院构成的园林。这个花园按照乾隆皇帝的设计理念，将江南的风韵、塞北的风情融于其中，形成了独特又符合地形条件的格局，卓尔不群，极具皇家风范。

宁寿宫花园的4个独立院落由一条蜿蜒的石子小路相连，曲径通幽的设计，让人每进入一个院落都感觉豁然开朗，别有洞天。

迈过衍祺门，便进入了第一个院落。映入眼帘的是一座假山，转过假山便可以看到古树参天的景象。雅致的禊赏亭、古朴庄严的古华轩及别致的承露台呈现出静谧、悠然之气，体现了和谐幽静的韵味。

禊赏亭是乾隆花园最具特色的一个地方，其抱厦内地面凿石为渠，称为流杯渠，这是皇家常有的园林设计。这种设计源于三千年前"曲水流觞"的民俗活动。

古人逢阳春三月三便会呼朋唤友，到山间清溪边洗去尘埃，这种形式被称为"祓禊"，意指祛除邪秽之物。风雅人士往往借着"祓禊"这一契机，在水波之上放一盏酒杯，曲水流觞，饮酒作诗。著名的东晋大书法家王羲之与友人在浙江会稽山下举行"祓禊"活动后，写下了流传千古的《兰亭序》。

6次下江南的经历，让乾隆皇帝对文人雅士举行的曲水流觞活动非常着迷，于是回宫后，他便在乾隆花园里设计了"流杯渠"。工匠在大理石台面上雕刻出了蜿蜒的"同"字形水渠，山上的水缸里流下的水会自动流向这个小水渠。每年的三月三，乾隆皇帝便会邀请几位大学士坐在禊赏亭中吟诗作赋。

一个酒盏沿着小小的水渠缓慢移动，酒盏停在谁面前，谁就要吟诗连句，风雅至极。这种活动让乾隆时期的紫禁城充满了诗情画意。

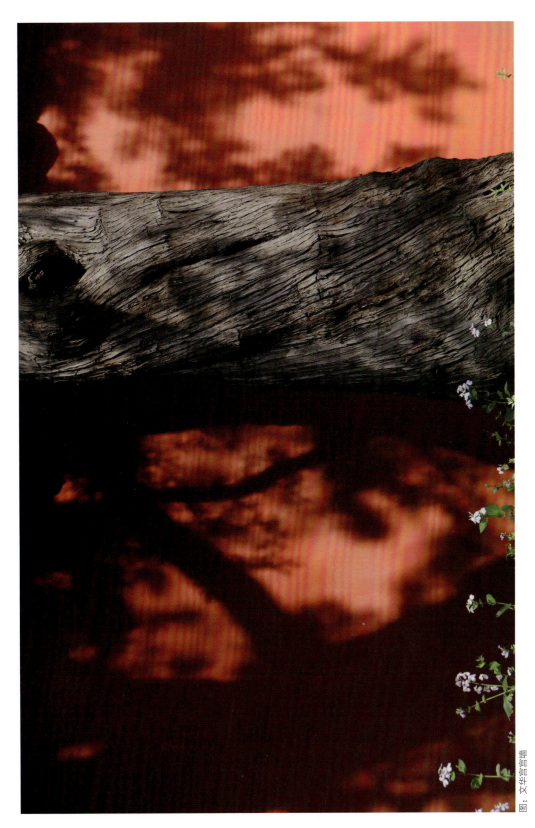

图：文华宫宫墙

图：红墙前的银杏树

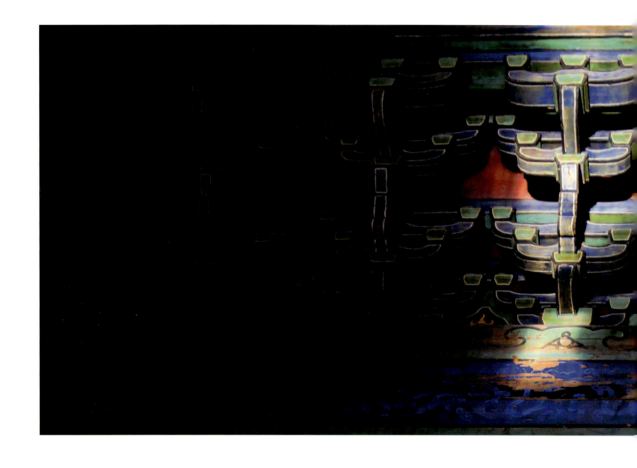

　　沿石子小路向前，穿过古华轩后面的垂花小门，就到了第二个院落。这是一个传统的围合式的四合院，正房是遂初堂。四合院的格局在视觉上给人十分宽敞的感觉，正中天井的玉石台上安置着一扇三阳开泰的玉屏风，寓意否极泰来，未来美好。

　　以山景为主的第三个院落，运用了变化无穷的设计手法。院子里山石叠嶂，隧道纵横，异峰突起，一步一景。最高的石峰上建有一座玲珑巧致的亭子，叫耸秀亭。站在亭上放眼四望，君临天下之感油然而生。院北是萃赏楼，西有延趣楼，东有三友轩，置身其中，仿佛能听到乾隆皇帝与三两文人骚客在此吟诗作赋的声音。

　　继续前行便是第四个院落，这里以双层的符望阁为主体建筑，阁下的假山石上，碧螺亭异彩纷呈。与宫中其他建筑不同的是，梅花形状的碧螺亭上覆盖着蓝、绿、黄相间的琉璃瓦，这些琉璃瓦像是彩色的花瓣。每当夕阳西下，彩色的琉璃瓦便会熠熠生辉。登上这座较高的二层建筑的顶部，可以远眺北面的景山，以及南面金碧辉煌的三大殿。

上图：东北角楼内景
下图：琉璃瓦

慈宁宫花园位于乾清门西侧的慈宁宫区，以佛堂众多著称。慈宁宫区住着太后、太妃们，因而慈宁宫花园也呈现了这里主人的信仰与日常生活。康熙的祖母与乾隆的母亲都信奉佛教，她们自幼受到"女子无才便是德"的文化熏陶，不干涉朝政、恪守妇道就是她们每日的修行。忙碌的皇帝每天除了听政、治理国家外，还要批奏折、读书、参加各种活动，并无闲暇陪伴宫廷中这些尊贵的女人，于是每日念佛经便成了这些女人的日常。

慈宁宫花园中的宝相楼、吉云楼、咸若馆、临溪亭等都被改造成了佛堂，香烟袅袅，成了慈宁宫花园一道别样的景致。

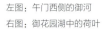

左图：午门西侧的御河
右图：御花园湖中的荷叶

戏曲

后宫的京戏艺术情缘

明朝宫廷内以唱戏为重要的娱乐、节日庆典活动。爱新觉罗家族入住紫禁城后，很快便继承了明朝这一活动形式，并与京剧艺术结下了不解之缘。

清朝中后期，看戏、听戏、扮戏逐渐成为宫廷娱乐的一种新风尚。这一风尚在乾隆、光绪时期格外被推崇。乾隆皇帝不仅精通音律，还亲自编写过剧本。因而，10座戏台相继在宫内被建成，但至今我们能见到的仅剩下宁寿宫畅音阁大戏台、漱芳斋戏台、漱芳斋内风雅存小戏台及宁寿宫倦勤斋戏台。除了风雅存小戏台是在漱芳斋内，其余都是独立于一处的。

畅音阁大戏台位于宁寿宫区东路，初建于乾隆三十七年（1772年），乾隆四十一年（1776年）才建成。戏台规格之高、体量之大，在紫禁城首屈一指。该戏台能演整出大戏，而其他小戏台则是供皇帝听折子戏用的。

留着八字胡的乾隆皇帝坐在大戏台对面阅是楼的御椅上入迷地看戏，大臣们便围坐在与阅是楼相连的一排游廊内捧场。

这座戏台的特别之处不仅仅是它高达三层，且三层分别以福、禄、寿命名。更重要的是，这座戏台是专为演戏而设计的，每层都有机械开关，演员可以随剧情发展"上天入地"，让戏剧更具观赏性。台面正中央的下面还有一口深井，利用深井的回音效果，舞台上演员唱念做打的音效可以变得更大。

康熙、乾隆、慈禧、同治、光绪、宣统都是"铁杆"戏迷，同治皇帝甚至亲自扮戏上台表演，慈禧也经常指定剧目让太监表演。

早在乾隆年间，乾隆皇帝就曾让宫廷的御用文人撰写剧本，让太监排演。而太监们总是无法达到很高的水平，于是皇帝便请宫外的民间名伶入宫教太监们唱戏。为了练童子功，皇帝又专门挑选了年幼的小太监学习戏曲，以备宫廷之用。逢演大戏，太监与民间艺人有时还会同台登场。凡遇皇帝过生日、节庆等活动，都要演出符合节日气氛的戏曲，这样的安排为宫廷生活增添了一抹亮色。

清末，几位京剧表演艺术家还曾在畅音阁大戏台演过戏。京剧泰斗杨小楼还曾给慈禧太后演过戏，深得慈禧太后的赏识。乾隆与慈禧都曾大力提倡戏曲艺术，如令徽班进京，组建南府、景山等宫廷戏曲演出机构，这些机构负责遴选民间艺人入宫承应演出。一系列举措让民间戏曲有了在大型舞台表演的实践与经验。

除了畅音阁大戏台，另外几处戏台也别有特色。

漱芳斋始建于明朝永乐十八年（1420 年），位于重华宫东侧，原是乾西五所中的头所。乾隆皇帝即位后，为了彰显不俗，将头所改为漱芳斋，并建戏台。漱芳斋为工字形殿，有前后两座厅堂，中间有穿堂相连。其中前殿与南房、东西配殿围成独立的小院，用游廊连通这些殿堂。漱芳斋的院落不大，却在天井中建起了"生平叶庆"戏台。戏台地表用木板铺就，其下有四眼水井，这些水井在唱戏时能与音乐产生共振。戏台顶部呈八边形，彩绘蓝底白云团，正中顶棚由方形活板铺成，在演出天宫等神仙戏时，扮演神仙的演员可由此乘祥云"下降至人间"。

这个戏台是皇宫内仅次于畅音阁大戏台的一个戏台，也是宫中最大的单层戏台。戏台的每一面都立有四根柱子，正面柱子上的楹联：日丽瑶台，寰宇休明传鼓吹；风清玉荡，万方雅乐入歌声。每年元旦、万寿、千秋等吉庆日，柱子顶端的飞檐两边都会悬挂一串红灯，呈葫芦形，名为"庆成灯"。乾隆皇帝成为太上皇之后，儿皇帝嘉庆曾陪着他在漱芳斋的戏台看过戏。

京剧是中国的国粹，起源于原有的徽剧、汉剧、昆曲、秦腔 4 个地方剧种。1790 年秋，为庆祝乾隆皇帝八旬寿辰，扬州盐商江鹤亭（安徽人）在安庆组织了一个名为"三庆班"的徽戏班子，由艺人高朗亭率领进京参加祝寿演出。这个徽班以唱二簧调为主，兼唱昆曲、吹腔、梆子等，是个诸腔并奏的戏班。祝寿戏台从紫禁城西华门一直搭到了西直门，呈现出群戏荟萃、众艺争胜的热闹场景，在京城受到热烈欢迎。之后四喜班、和春班、春台班也陆续进京，在京城的戏曲舞台上争奇斗艳，史称"徽班进京"。他们与来自湖北的汉调艺人合作，融合了昆曲、秦腔的部分剧目、曲调和表演方法，又吸纳了一些地方民间曲调、北京儿话土语，通过不断的交流、融合，最终形成今天的国粹京剧。四大徽班进京献艺是中国戏曲发展史上的一个里程碑，从此揭开了 200 多年波澜壮阔的中国京剧史的序幕。

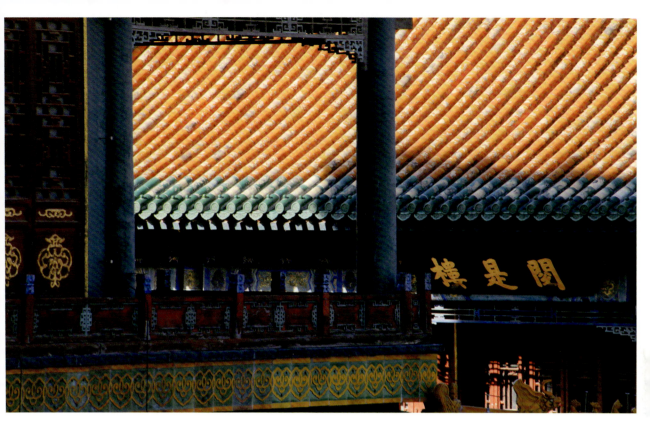

戏曲道具被称为砌末，宫廷对砌末、盔头、戏衣都十分讲究，一般是由内务府统一置办。所有的戏衣必由江南三大织造局按需织造，图案精美，质地考究，十分名贵。

上图：阅是楼
下图：阅是楼内景

运动

冰嬉骑射塞北猎秋狝

冬季的紫禁城银装素裹,气温能低到零下十几摄氏度。光秃秃的古树、城墙和瓦棱上都积满了厚厚的白雪,整个皇宫变得一片寂寥。乌鸦群在高高的角楼上盘旋,宫内的金水河与宫外的护城河也结了冰,到处都呈现出寒冷、空寂的模样。

来自黑山白水间的爱新觉罗家族对于寒冷并不惧怕,比起东北家乡的气温,北京城的温度刚好可以让他们进行户外运动。

滑冰是皇家最热爱的一项冬季娱乐活动。滑冰中带有表演的形式为冰戏,也称为"冰嬉",是古人喜欢的冰上体育活动,他们常在冰上执球、踢球,或者穿带铁齿的鞋在冰上滑行。作为皇家冬季的主要消遣活动,冰嬉很盛行,春节期间表演人数更多。表演内容包括冰上舞龙、舞狮、跑旱船等,每次参加表演的八旗将士有将近 1200 人。他们或盘旋,或回转,

队伍排成长长的一列,时而蜿蜒,时而笔直,能变化出无穷的优美造型。

塞北的木兰围场,也是清朝皇帝家族每年必去之地。古代不同时节打猎有不同的称谓:春猎为蒐,夏猎为苗,秋猎为狝,冬猎为狩。

木兰围场是清朝皇家御用的猎苑,这个围场在清朝前中期扮演了重要的角色。清朝建立后,为了讲武练兵,保持满族骑射的传统,皇帝每年都要到木兰围场行围狩猎。驰骋在莽原中,既练习了骑射,又锻炼了身体。

清朝皇帝率领满族将士在围场狩猎过 100 多次。木兰围场北控蒙古,南近京师,西临察哈尔,是一处要塞,既能防御沙俄侵扰,又能预防少数民族叛乱分子分裂国家,因而这里的围猎活动具有安抚周边王公贵族和训练军队的双重意义。

从京城至木兰围场路途遥远,这让康熙皇帝下决心建设一处避暑山庄。避暑山庄始建于康熙四十二年(1703 年),后又于乾隆十六年(1751 年)至五十五年(1790 年)多次扩建,终成为一处布局严整、装修淡雅的皇家离宫。

图:冬日三大殿的雪景

图：紫禁城内结冰的金水河

康熙皇帝、乾隆皇帝每年都要到围场打猎、训练军队，并在避暑山庄宴请、接见、赏赐少数民族的王公贵族，以安抚塞北地区的民众，让国家得以安定。

左页图：昭德门
右页上图：紫禁城凛冽的冬日
右页下图：三大殿台基上的冬雪

图：武英殿前的冬雪

茶宴 —— 一支毛笔的福寿情谊

宫中的文学活动，以皇帝书写"福"字、"寿"字为特色，后来逐渐出现茶宴联句等雅事。

每年入冬，康熙皇帝都要亲自书写一幅幅"寿"字与"福"字赐予身边的王公大臣。这一活动从清初一直延续了多年。

一支被称为"赐福苍生"的毛笔，从康熙皇帝开始，在历代皇帝手中相传。康熙偶尔赏赐大臣御笔字这一习惯被雍正沿袭，而乾隆皇帝则将每年的腊月初一定为书"福"吉日，咸丰皇帝又将这一天定为重华宫开笔日。历代皇帝换人不换笔，每年都要书写"福"字与"寿"字，并将它们赏赐给王公大臣，这一行为成为皇帝与大臣之间传递情谊的方式。

乾隆皇帝酷爱饮茶，又好吟诗，于是开创了在重华宫举办茶宴这一君臣同乐的消遣活动。每年乾隆都要邀请一些王公、大学士、翰林等到重华宫，一边饮茶一边出韵脚联句，所联诗句都是皇帝以事为题或者临时出题，以显示皇帝高深的学问。所有联句均被载入《御制诗集》。才高八斗的王公文臣们往往应邀而来，乘兴而去，同时还能收到皇帝赏赐的各类珍玩字画。

书写"福""寿"和联句赋诗的活动，是宫廷内君臣联络感情的高雅的精神活动。这些活动在皇帝的后宫举行，在家与国之间架起了一座感情的桥梁。

左页上图：武英殿红墙冬雪
左页下图：红墙前的雪

大气、舒朗的建筑群，被金色的屋顶与红色的宫墙所覆盖与围合，成为一处令人惊叹的世界奇观。

或是色彩，或是门窗，或是屋顶的瑞兽，抑或是殿堂前的摆设，无不具有艺术之美、文化内涵与中国风范。

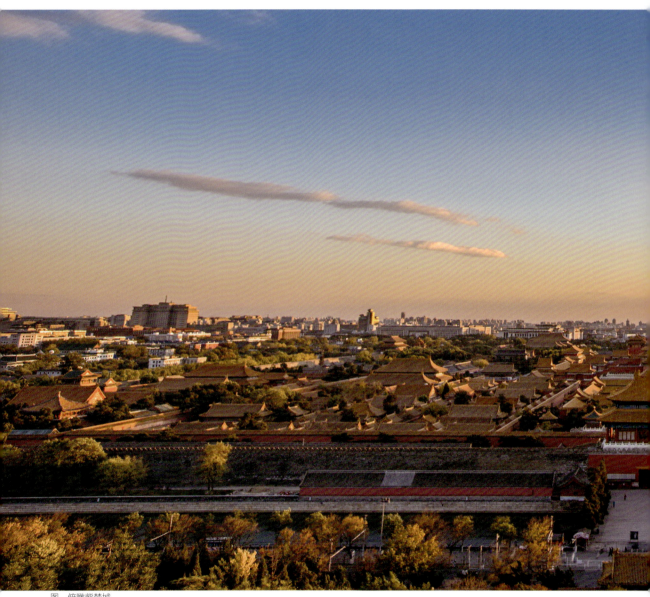
图：俯瞰紫禁城

大气恢宏宫阙群

紫禁城是"方"的。

中国古代天文学家将天空的恒星分成"三垣"和"四象"。其中,四象分别为东青龙、西白虎、南朱雀、北玄武,它们也被认为是四方之神。

紫禁城的布局充分运用了四象的理念,而这一理念也有着皇权对天下四方的统治之寓意。

图：故宫一角

图：太和殿

布局

一条中轴隔四方城池

中国古人善于按照天象来理解万物，当他们抬头看见星空中那颗最亮、最醒目的北极星时，便记住了这颗星。同时，他们认为这颗星就是宇宙和天的中心，所有星辰都围绕北极星运行，于是北极星便被认作"中天"。

图：夕阳下的太和殿、中和殿、保和殿

上图：北海公园
下图：颐和园佛香阁

在中国的古文化里，"中"是核心的概念，是集所有能量为一体的根本。任何事物都是由"中"向外发展的，中位即王位。《吕氏春秋》中说：古之王者，"择天下之中而立国，择国之中立宫……"《荀子·大略》中记载："君人者，隆礼尊贤而王，重法爱民而霸，好利多诈而危。欲近四旁，莫如中央，故王者必居天下之中，礼也。"

紫禁城的皇帝以"天子"自居，古代天象学又认为北极星是中天，因而紫禁城作为皇宫就必须居中位。

明朝的北京城是在元大都的基础上改建而成的。

坐北朝南的紫禁城，外围绕以皇城，皇城之外是北京的内城，再外才是外城。紫禁城东西宽753米，南北长961米，占地约为72万平方米。紫禁城即宫城，也叫"大内"，位于皇城内偏南的位置，宫城城墙的四个方向各开有一门，南为午门，北为神武门，东为东华门，西为西华门。

紫禁城的位置比元大都稍微偏南一些，因为元朝都城的核心区已被开挖的护城河土堆成了万岁山（清朝为景山）。为了避开朱棣当年居住的燕王府，紫禁城的中轴线也向东推移了150米，成了今天我们看到的模样。

紫禁城的外围是皇城，东西宽2500米，南北长2750米，呈方形，但西南方向缺了一角。那里原来是元朝留下来的庆寿寺，而这个寺已不存在，因而现在就成了缺角。皇城四面各开一门，南面是天安门，其余三面分别是地安、东安门、西安门。除了天安门，其余三座城门已不复存在，只剩下地名。

皇城与宫城的四座大门内外相对应，暗合了天文学中的四象。而宫城内最高等级的太和殿正好居中，与中天相对应。

皇城之外的是内城。内城东西宽6650米，南北长5350米，城墙用夯土夯实，外包青砖。内城四面城墙开有九座城门，因而有"四九城"之称，这"四九城"指的就是北京有九座城门的内城。九座城门中，东面是东直门、朝阳门；南面是崇文门、正阳门、宣武门；西面是阜成门和西直门；北面是德胜门、安定门。然而，现在只剩下德胜门箭楼和正阳门城楼以及箭楼，此外还有东直门角楼与小段残墙。内城的九座城门的功能各不相同：皇帝的龙辇走中轴线上的正阳门，朝阳门走粮车，东直门走木材车，崇文门走酒车，安定门走粪车，西直门走水车，阜成门走煤车，宣武门走囚车，德胜门走兵车。

紫禁城以西有一片大小不等的湖泊，元代称为太液池。明朝时，将太液池南段的湖泊分为北海、中海、南海，并称三海，成为风景优美的皇家园囿。而北段的前海（什刹海）、后海、西海（积水潭），成为老百姓可以随意游走的地方。再往西是西苑，清末在西苑以西又建了颐和园，成为另一处著名的皇家园囿。

皇城以东是明朝时的东苑，附近是皇史宬，它是明清两代的皇家档案馆。

宫城、皇城、北京城，呈现出由"中"向外的三重城格局。紫禁城内一条南北向的中轴线穿起了沿线的宫殿与宫门，中轴线上是宫城里的核心建筑，而这条中轴线也恰恰是北京城的中轴线。

中轴线从紫禁城向南延伸到了永定门，向北延伸至钟楼北城墙，全长约 7.8 公里。明初时宫内的建筑布局与宫外的布局是统一规划的，形成了宫廷内外相连的大紫禁城格局。

沿紫禁城中轴线向南出午门，依次是端门、天安门、外金水桥、千步廊、大明门（大清门），

图：午门

一直到正阳门，形成了一条长长的天街。

午门是宫城的城门，因位于正南方的午位而得名。古人将方位分为二十四个，正北为子位，正南为午位，故南北线也被称为子午线。午门的地位极其重要，"五脊四坡"的建筑样式也彰显出了午门最高等级的尊贵形态。午门迎面开有五个门洞，正中的最大，等级最高，只有皇帝本人和皇帝大婚时皇后的喜轿才可以由此通过。除此之外，参加殿试并中榜的状元、榜眼、探花被允许由中门出宫一次。午门的两侧向南各折出一东一西两座楼观，楼观上南北各建有四角尖顶的方亭。从空中俯瞰午门两侧的四座楼观，如同巨鸟展翅，因而这四座楼被人们形象地称为燕翅楼。

每当皇帝去社稷坛祭祀由午门出宫时，午门上便会鸣钟以示天下；而皇帝出宫去太庙时，午门上便会击鼓。只有紫禁城内举行庆贺大典时，午门上才钟鼓齐鸣，呈现隆重庄严的气氛。

此外，午门的意义还在于彰显皇帝的威仪。明清两朝征战不断，战争结束后，英雄们都要在午门向皇帝进献俘虏，以示凯旋，被称为献俘礼。午门的特别之处还不仅如此，明朝实施的"廷杖"也是在午门广场执行的。

明朝规定，凡是朝廷上有大臣违反皇帝的旨意，就是犯了"逆鳞之罪"，皇帝会命令锦衣卫将逆臣押到午门前痛打。执行皇帝的旨意时，锦衣卫往往会下手很重，致使很多大臣在"廷杖"下咽气。因为怕挨打，很多大臣不敢对皇帝提出反对意见，无形中便增加了皇帝的"威严"。

端门位于午门以南，是走出宫城进入皇城的必经之门。端门的外两侧，东为太庙，西为社稷坛。

天安门建成于永乐十八年（1420年），是皇城的正门，位于端门以南，明初时叫承天门，寓意是承受天意治理国家。顺治八年（1651年），承天门被改建后称为天安门。康熙二十七年（1688年），天安门再次被重修。明朝承天门原本是皇城的中门，后被乾隆皇帝改为皇城的正门。

天安门是明清两代皇帝祭祀、出征、出巡的必经之门，更是皇帝登基、册立皇后时的颁诏之地。天安门开有五座门洞，中间的最大。天安门重檐歇山式屋顶的城楼高耸，黄色的琉璃瓦在阳光的照射下闪着金色的光芒。

天安门南侧是外金水河，河上从左至右建有七座汉白玉石桥，石桥左右各有石狮子一对。

图：燕翅楼日落

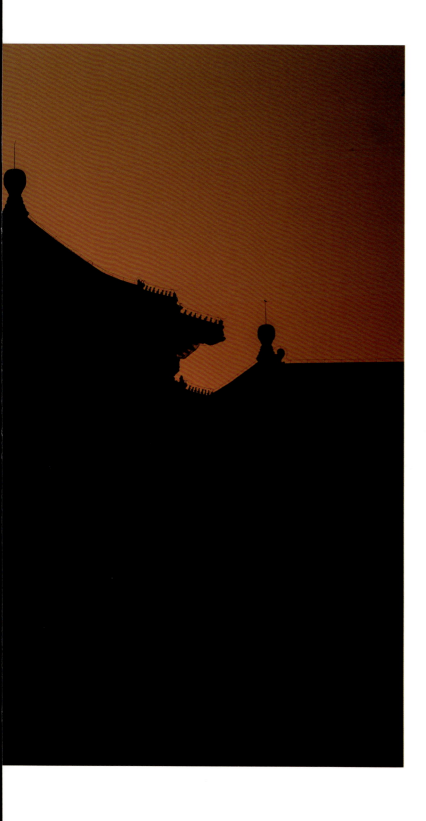

千步廊是天安门外金水桥向南 100 米至大明门之间的一段路，与靠近天安门的一条东西方向的长街共同构成了 T 字形的广场式街区。明清两朝在千步廊两侧先后设置了部、院施政的衙署，而这些设置均遵从了文东武西的理念。

千步廊两侧集中了中央集权下的吏、户、礼、兵、刑、工六部办公的朝房。清朝与明朝对这些衙署的设置略有不同，但都保证了衙署与紫禁城内皇帝之间各种公务的顺利进行。

大明门即清朝时的大清门，位于千步廊的南侧，正阳门以北，是明朝时期进入皇城的正门，正中有三座楼阙，左右各有石狮子一座。

大明门内是 T 字形的千步廊广场，门外即北京城。

沿中轴线继续向南，是正阳门、永定门，其格局依然是左右对称。正阳门与永定门之间的轴线的东侧设有祭天的天坛，西侧设有祭祀先农的先农坛。

紫禁城内外的所有建筑均呈左右对称的格局，空间序列大气、舒展，虽大却不松散，前后递进，更显气势恢宏。这种建筑格局具有特殊的艺术表现力，体现了中华文化中的建筑美学。在这大气磅礴的建筑格局中，太和殿是整个北京城及紫禁城的中心，其皇权的神圣地位在北京城、皇城、紫禁城的规划布局中得以充分体现。

清朝在200多年的时间里，一直任命"样式雷"作为皇家的设计师。"样式雷"是指以雷姓家族为代表的皇家建筑设计师，他们堪称当年的能工巧匠。这些设计师精巧的设计，蕴含了无比丰富的文化理念。

紫禁城有无数个屋

紫禁城的屋既是国又是家，家与国就在这些屋檐下。一个屋檐下就有一段历史，一个屋就有一个故事。

上图：俯瞰东六宫屋顶
下图：俯瞰故宫屋顶

紫禁城里的宫殿现存980座，以屋计算共有9000余间。这些屋既是明清时期国家的指挥中心，又是皇族居住的家。高低错落的屋组成了华丽的建筑群，无论是从建筑美学的角度看，还是从实际功能来看，抑或是从阴阳风水学的角度来看，这些屋无不体现出世界独有的中国古代文化的特征。

紫禁城内的建筑并不是随意分布的，而是遵从了尊卑、亲疏的等级关系，最终组成了一个轴线突出、主从分明、统一和谐的整体，形成了一种中间高四边低，如众星拱月般的格局。大小不一的院落和外形不同的房屋，构成了差异化的视觉空间，让整体与局部既和谐统一又富有变化，极具艺术特色。

紫禁城内所有的建筑从布局到功能，再到设计理念，都诠释了儒家思想中的等级观念，将君臣、父子、夫妇关系从房屋格局、外形装饰上加以区别。

除了等级制度，紫禁城中建筑的铺排还讲究礼制。

宫殿的左前方为太庙，右前方为社稷坛，体现了"左祖右社"的祭祀礼制。前三殿与后三宫的布局，又着重体现了前朝后廷的制度，并且将国与家紧密地联系在了一起。

左页图：宫殿屋顶
右页图：从雨花阁上眺望三大殿

太和殿、中和殿、保和殿是集权之地，反映了三朝之制。太和殿以南依次有太和门、午门、端门、承天门（天安门）、大明门（大清门）五重门，象征五门之制。而乾清宫和坤宁宫象征天与地，乾清宫东、西侧的日精门、月华门象征日月轮回，东西六宫象征十二时辰。由此可见，紫禁城的建筑除了体现等级制度和

礼制外,更突出表现了皇权至高无上的地位,以及皇权与天地、自然呼应的关系。除此之外,还体现了阴阳、五行等风水学说。

阴阳之说,实际是讲究一种平衡与和谐,它一直是紫禁城中的建筑遵循的理论,而这个理论也是古人居住价值的集中体现。因而,紫禁城内外一直以"文东武西"的格局顺应阴阳五行学说,并呈现出极其和谐的建筑之美。

皇城外的北京城,东有崇文门,西有宣武门。纵贯南北的中轴线将紫禁城分为东西两部分,这两部分也是五行中的阴阳二区。

一条清澈的河水引自北京城西的玉泉山,从神武门的西北角流入宫中。河水经慈宁宫花园流向东南方向,在武英门回转流过太和门前,再向东穿过协和门,缓缓来到文渊阁,又从东华门顺势南下流到外金水桥下进入护城河。这条蜿蜒迂回、波光粼粼的小河,像是紫禁城中一根灵动的飘带,让高大的建筑群有了柔和之感。

河水来自城西的玉泉山。西属金,金生水,按照五行学说,河水被取名为金水河,分为内金水河与外金水河两段。

太和门前是 5 座用汉白玉雕刻而成的金水桥。金水桥由南向北横跨在金水河上,正中的主桥与午门和太和门相对应,落在笔直的御道上。这座桥是皇帝专用的"御路桥",等级最高,

图：紫禁城内金水河

最为大气和宽敞。东西两侧紧挨"御路桥"的是"王公桥"，供王公贵族专用。最外两侧的是"品级桥"，专供三品以上的文武大臣行走。

紫禁城坐北朝南，南有金水河，北缺一座山。古人认为只有山水结合才能算是完美的福地，于是将开挖护城河与金水河的土方运到了紫禁城北，堆砌成了土山，名曰"万岁山"，即今天的景山。景山成为紫禁城风水意义上的"靠山"。

按照五行学说，东为阳，属木，主生，为生长之意，因此紫禁城中轴线以东建有太子宫、南三所、文华殿、体仁阁等文治宫殿。西为阴，五行中属金，从秋，主杀，为收敛之意，因而中轴线以西建有寿康宫、慈宁宫等太后的修养之地，以及武英殿、弘义阁等武备宫殿。

御花园内东有万春亭，西有千秋亭，分别供奉着佛像与关公，也凸显出文东武西的格局意识。

对于朝廷而言，南向外朝三大殿为阳，主大，用于施政；内廷后三宫居北，从水，主藏，为阴，用作宫寝。即外朝三大殿主国政，内廷后三宫主家庭。

除了遵循五行学说，紫禁城的建筑还呈现出了集群性。它强调建筑在地面上向四周延伸，而不是向空中伸展，因为只有延伸才具有辽阔之感，而辽阔能够凸显伟大与壮美，集群又彰显了威仪与崇高。

紫禁城有无数个门

左页图：中左门
右页图：蹈和门

紫禁城内有无数个大小不等的门，这些门分为槅扇门和板门两种。

槅扇门 紫禁城中使用频率最高的样式，灵活性高，在特殊场合可以将其摘除，以连通室内外空间，同时具有墙、门、窗的功能。"槅扇"这一名称在很多著作中的叫法并不统一。著名建筑家梁思成在《清式营造则例》中写作"格扇"，而王世襄《清代匠作则例》中写作"槅扇"，王璞子的《工程做法注释》中写作"隔扇"，宋代《营造法式》一书中又写作"格子门"，但其实都是指同一种门。

板门 用木板穿暗带（或明带）实拼而成的门，多用于宫殿大门、居住式院落的大门或是库房大门。这样的门具有对外防范的功能，因而一般尺寸比较大，防御性较高。

所有门当中，最重要和最著名的门就是面阔九间，有着重檐歇山式屋顶的太和门。

朱红的大门或闭或开，总有说不完的故事。斑驳的门扉被粉刷过无数遍，但走过正中那个门洞的人却没几个。高高的门槛挡住了位卑的人，门内是施权，门外是受命。

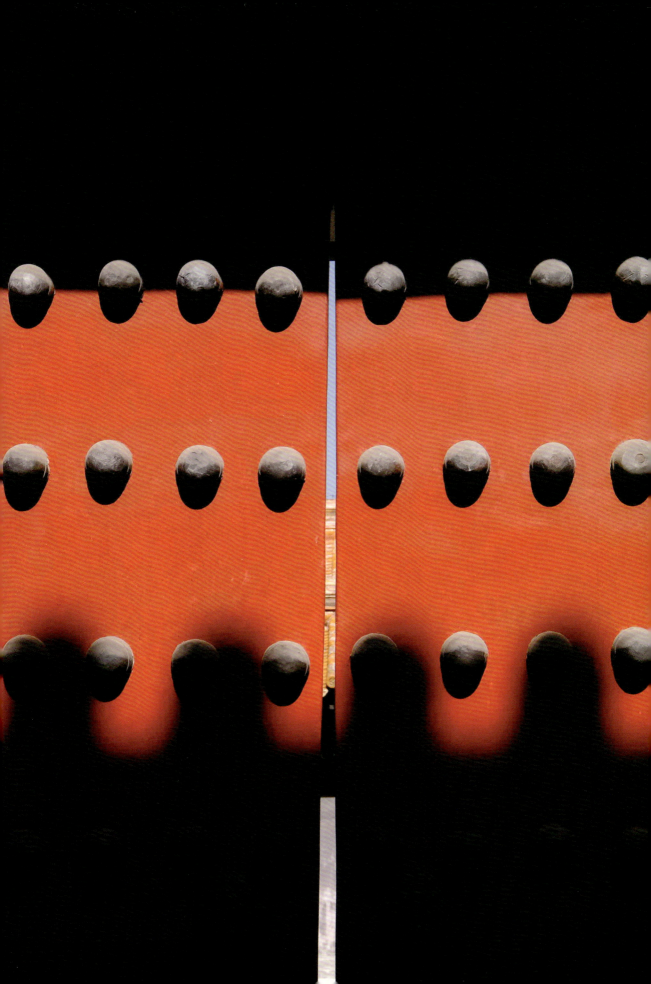

明朝时太和门叫奉天门，嘉靖皇帝改称为皇极门，至清朝，顺治皇帝又改称为太和门。明初奉天殿（太和殿）失了火，朱棣皇帝不得已才在奉天门御门听政，让奉天门（太和门）具有了政治意义。

明朝时铸就的一对巨型青铜狮，至今仍屹立在太和门左右，其勇武的形象象征着太和门及太和殿等级最高、最尊贵。这两座铜狮也是紫禁城里最大的青铜狮，其珍贵程度可想而知。

紫禁城的宫门都有巨大的门钉，除东华门外，重要的门都有九路门钉，每路九颗。因为古人认为单数为阳，双数为阴，而九是单数中最大的数。

图：中右门

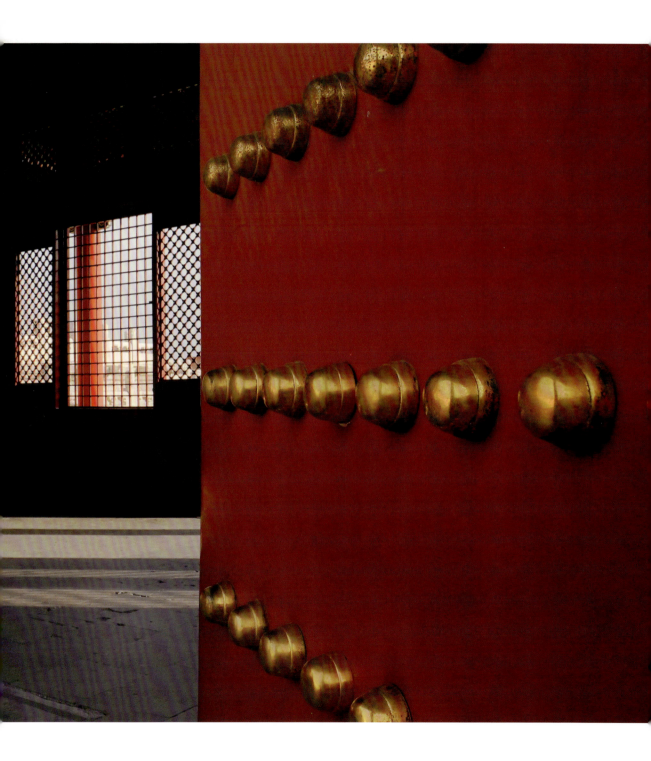

1 慈宁宫门
2 武英殿门
3 右翼门
4 武英门

紫禁城有无数个窗

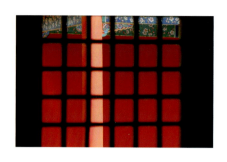

左页图：永和宫的窗
右页上图：太和殿的窗
右页下图：建福宫的窗

紫禁城窗里窗外，景致不同，但最美丽的窗还是太和殿的窗。

描金的花格窗内，朱红的柱子闪闪发光。斜阳透过花窗照射在地砖上，留下斑驳的光影，形成细碎的一片金黄。从窗口望去，一排排朱红的柱子，让金碧辉煌的太和殿更显气势非凡。那些敞开的花窗像是太和殿的耳朵，聆听着历史涤荡的声音。明清两代共有 24 位皇帝在这里颁布过国家律例，权力的交接也在这里进行。

太和殿的窗叫"三交六椀菱花窗"，是紫禁城中等级最高的建筑才有的槅扇样式。窗户上由直棂与斜棂相交形成若干个等边三角形，在三角形与三角形相接处又用金色花蕊、六片花瓣的菱花进行装饰，让三角形中间呈现出圆形，形成了规格一致、排列有序的花窗格。因太和殿是紫禁城中等级最高的大殿，又是国权的象征，所以其花窗格同样富有深刻的含义，寓天地相交而生万物之意。

在紫禁城中，花窗格也是代表建筑等级的符号，三交六椀菱花窗为最高等级，其次就是双交四椀菱花窗、斜方格窗、直方格窗。此外，还有其他别具一格的花窗，如养心殿外圆内方如铜钱一样的花格窗，倦勤斋的步步锦花格窗，以及绛雪轩的万字纹花格窗。

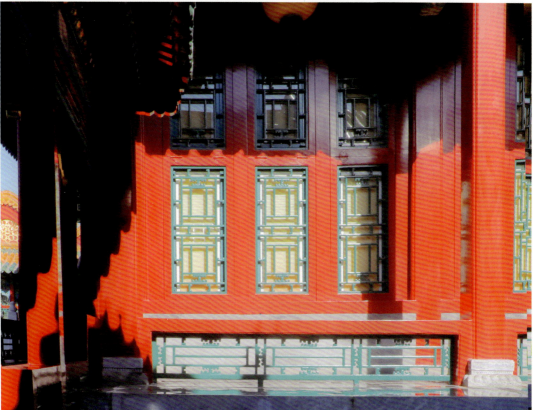

图：慈宁宫的窗

尽管各式花窗既要传递美好寓意,又要彰显主人的身份等级,但采光和通风依然是最重要的。因此,雍正皇帝移居养心殿之后,于雍正元年(1723年)下谕旨,在养心殿后寝宫西次间窗户的中心开设一扇活窗,外面做三面窗罩。这扇窗户还安装了透光的玻璃,令养心殿成为紫禁城中第一个安装玻璃窗户之处。

冬日的阳光透过玻璃窗照射进来,让养心殿变得更加明亮和温暖,这里也变成了乾隆皇帝非常喜欢的地方。

上图：中和殿的窗 1
下图：中和殿的窗 2

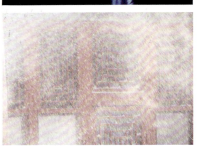

1	
2	3	6
4	5	

1　慈宁花园的窗
2　乾清宫旁小殿的窗
3　景运门花窗
4　雪天长春宫的窗
5　建福宫的窗
6　御花园万春亭的窗

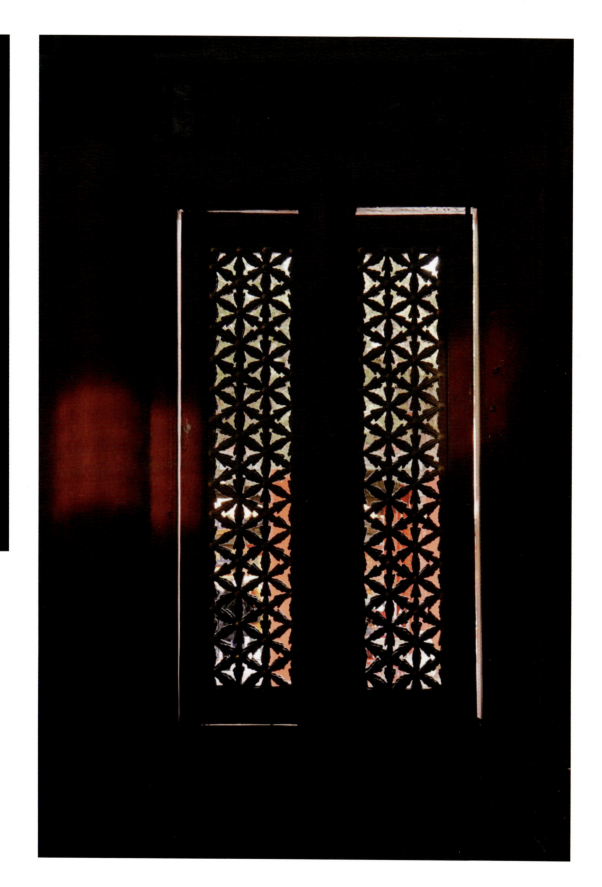

色彩

阴阳五行的颜色妆点

春风吹绿了柳枝，也吹绿了嫩草。

玉兰花冒出鹰嘴一样的尖尖花蕾，毛茸茸的，偷望着红色宫墙。如春雪忽落般的梨花，冰姿玉骨，将枝头歪向窗棂，摇摇曳曳地送去午后的婆娑花影及满庭芳香。金色的瓦缝中萌出几缕新绿，让琉璃有了生机。

鸟儿飞上树梢，几声啾啾，几许低吟。

金水河的冰化了，潺潺的河水泛着粼光。

紫禁城的春天来了。

图：太和殿窗前的宫猫

春天，带着清新的味道和清新的色彩，让沉寂了一冬的紫禁城换上了新装。

早起的宫猫绕到太和殿门前，让门前的石狮子也有了精气神。

云卷云舒间，太阳慢慢向西山靠近，为太和殿镶上了金边。一抹斜阳让紫禁城变成了一片金黄，低鸣飞过的白鸽让红墙显得更红了。

良久，一轮明月爬上树梢，鸟儿歇了，宫灯亮了，紫禁城的夜开始了。喧闹的白天与灿烂的繁华都深掩在夜色里，唯有金色的瓦楞与深红的宫墙对视着，守护着宫城的宁静。

紫禁城中建筑的用色依旧遵循阴阳五行学说，而阴阳五行学说将万事万物归结为金、木、水、火、土。皇宫里的金色其实是黄色，黄属土，土居中央。

作为北京城中央的宫城，只有以黄色作为主色调，才能彰显皇帝至高无上的地位。

从汉武帝开始，就确立了"汉居土德"的思想，因而黄色成为汉朝皇权的象征。几千年来，历代王朝都不曾改变这一传统。所有皇家用色都离不开黄色，黄色也因此被称为宫廷黄。

紫禁城里大量使用了黄色的琉璃瓦。傍晚，成片的黄色琉璃瓦在烟红薄暮下泛出金色的光芒，形成了金碧辉煌的宫廷美景。大量琉璃瓦的烧制，让位于北京城正阳门外的琉璃厂异常繁忙。

宫城内的建筑在大量使用黄瓦的同时，也运用阴阳五行学说，在局部灵活地进行了调节，并非全部用黄色。

位于中轴线东侧的南三所是皇子们的居住地，此处就使用了大量绿色的琉璃瓦。东为阳，属木，主生，绿色恰好寓生机勃勃之意。

文华殿在明初一度作为"太子视事之所"，用了绿瓦，后被嘉靖皇帝改为皇帝便殿，故又使用了黄瓦。文渊阁位于中轴线东侧，因为藏书所用，故阁内使用了绿色，但其屋顶却用了黑绿剪边的琉璃瓦。文渊阁是皇帝收藏珍贵的《四库全书》的藏书楼，黑色主水，能克火，因而用黑色琉璃瓦覆盖楼顶，寓意为克火。文渊阁内的柱子被装饰成了深绿色，楹窗则是黑褐色。这些颜色的运用既符合五行之说，又与实际功能相匹配。因藏书最怕火，所以一切能生火的颜色都避开不用。

宫廷黄除了被大量使用在屋瓦上，还被使用在了服饰上，最著名的黄色服饰就是皇帝赏

赐的黄马褂儿。满人入住紫禁城后,带来的服饰习俗就是穿马褂儿,宫廷还规定,皇帝身边的侍卫一律要穿着黄马褂儿。那时,谁要能得到一件皇帝赏赐的黄马褂儿,就意味着身份无比尊贵,因为这件黄马褂儿代表着与皇帝的近距离关系,也成为特殊身份的象征。后来,这种服饰流行到了民间,许多人会在长衫外加一件马褂儿,不过,并没有人敢随便穿黄色的马褂儿。因为除了皇帝的贴身侍卫,只有战功显赫者才能得到御赐的黄马褂儿。

  紫禁城中大面积的色彩,除了黄色,视线所及就是红色。

图：红墙前飞过的白鸽

　　按照阴阳五行之说，红主火，火主礼，色赤。紫禁城乃天子的家，具有至尊的地位，因而，宫城四周的垣墙及宫殿都使用了红色。

　　红，在中国人眼里本身就象征着喜庆，是中国人最喜爱的颜色，于是红与黄的色调便共同构成了紫禁城色彩的主旋律。

　　一场春雨飘进宫墙，细细密密，弄湿了脊兽，绽开了梨花，浸透了窗棂，打开了紫禁城如诗般的季节。

古树摇动着枝条，增添了新岁，宫墙上浮动着纵横的光影。

这种色彩的大量运用使这座宫城卓尔不凡，并且凸显出尊贵、华丽的皇家气质。

左页图：屋脊兽与金瓦
右页上图：紫禁城的夜色
右页下图：黄瓦与绿瓦

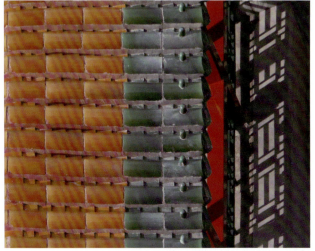

上图：宫殿上的金瓦
下图：古槐树上的冬雪

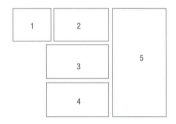

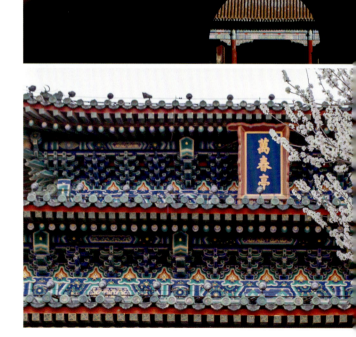

1　钟翠宫红墙
2　彩色廊柱与金瓦
3　午门与红墙光影
4　万春亭的樱花
5　太和殿的门

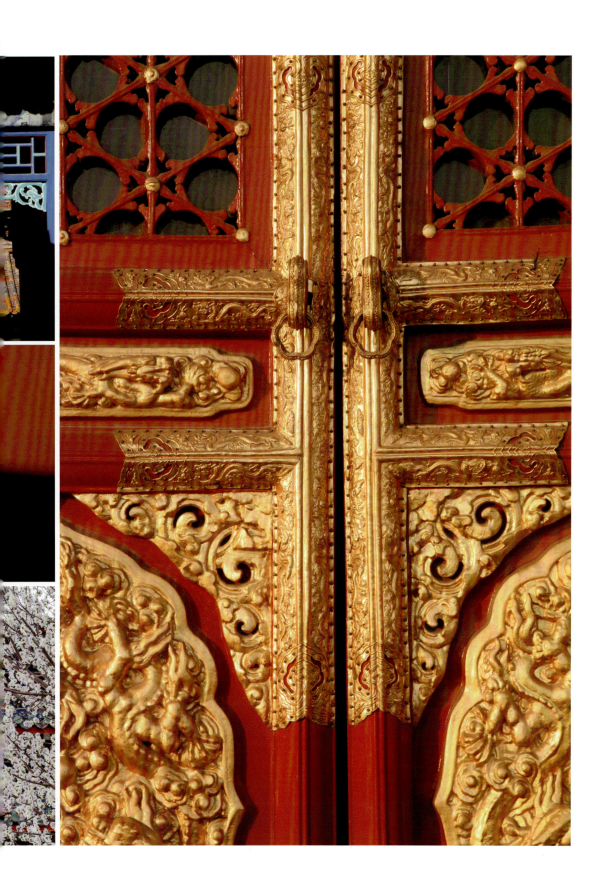

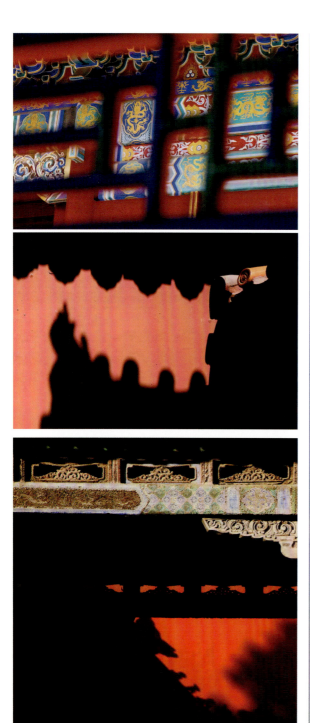

左页上图：雕梁画栋
左页中图：屋脊光影
左页下图：红墙与木雕
右页图：宫内红墙

尊龙

天子名分与精神图腾 ◆

中国历朝历代的皇帝都有一个名分,这个名分叫"天子"。东汉《白虎通德论》曰:"天子者,爵称也。爵所以称天子者何?王者父天母地,为天之子也。"这里所说的天子,在中国古代指的就是皇帝。汉代之后广泛称皇帝为"天子",即"天的儿子",是受天命而立的。因而,"天子"被认为是宇宙中最高的主宰者,世间万物都是天地孕育的后代,天为父,故称"皇天";地为母,故称"后土"。

顺天与顺地,始终主宰着农耕时代中国人的精神世界。

那时的中国人普遍认为,天最大,无以抗衡。紫禁城里的皇帝是天人合一,是龙的化身,一直被百姓和大臣们当作"真龙天子"。

中国人称自己是龙的传人,龙文化贯穿着中华文明的演变与发展。

传说中的龙能大能小,能升能隐。大则兴云吐雾,小则隐介藏形;升能飞腾于宇宙之间,隐能潜入波涛之中。龙之为物,被喻为世上的大英雄。而大英雄者,必胸怀大志,腹有良谋,有包藏宇宙之机,吞吐天地之志。

一段远古的传说,解释了中国人的祖先与精神图腾龙的演变历程。

传说伏羲氏和女娲氏均是人头蛇身的形象,我们的祖先是由他们繁衍而来的。

图：雨花阁上的鎏金铜龙

随着历史的发展，人类进入了部落时代，炎、黄二帝统领的是最早的两个华夏部落。后来，炎、黄二帝的部落开始联合，其部落的精神图腾继承了始祖的形象——蛇。由于联合后部落变得强大，统领能力也越来越强，因而吸引了其他部落的加入。炎、黄二帝秉持的理念是所有部落不分大小，只要合并进来就亲如一家。当马图腾部落加入进来时，炎黄部落便允许在蛇头上加马头；鹿图腾部落合并进来后，又允许在马头上添鹿角；鱼部落加入进来后，又在蛇的身上增添了鱼鳞……各个部落不断融合，不同的图腾符号便逐渐融合到了最初的蛇的形象上……

强大的华夏部落的图腾形象不断变化，逐渐演变成一种新的形象，人们管这种新的形象叫"龙"。在中华民族的历史演变与发展过程中，龙起着如向心力一样的凝聚作用，龙文化已成为中华文化的重要组成部分。

在紫禁城里，空中、地上、服饰上处处彰显龙文化。保和殿北门被称为云台门，门下的丹陛上是一块铺设在三台御道上、重量超过 200 吨的"云龙阶石"。阶石上龙腾云海，气势磅礴，极具震撼力。

这块巨大的龙纹石雕，长 16.57 米，宽 3.07 米，厚 1.7 米，原材料采自距离紫禁城 70 多公里的房山大石窝。可以想象，从大石窝运送这块石料进宫是多么困难的一件事情。明初建造紫禁城时，没有任何机械能协助运输，所有劳作都需要人力完成，但这并没有难倒能工巧匠们。他们想出了一个妙招，从房山到紫禁城，所经之地修路开道之后，每隔一里地挖一口井，待寒冬腊月天寒地冻时，将井水泼到路面上待井水结冰，再用滚木的方式，将旱船上的大石块用千余头骡子和两万多名民工，一里地一里地往前拖动，最终将大石块运进了紫禁城，雕琢后铺设在了保和殿北门前。

乾隆皇帝当政后，又按照自己的想法将这块石阶重新进行了雕饰，石阶最终成为今日的模样。

作为"天子"的宫殿，紫禁城里的龙形饰物非常多。有关数据显示，紫禁城里皇帝亲政的太和殿，内外的龙纹龙雕多达 13844 处。其余的宫殿中，龙的饰物也是非常常见的，但最醒目的还是雨花阁大殿檐上的铜雕伏龙。这对鎏金铜雕的龙，各面向一个方向成俯卧蓄势之状，似乎随时会升腾而起，上九天揽月，下五洋捉鳖，大展英雄气概。其活灵活现的姿态，令人惊叹。

图：飞檐走壁的宫殿龙饰

　　数千年以来，中华民族虽然经历了与大自然、与外族的严酷斗争，但依然没有屈服，没有分崩离析，反而日益繁荣。就是因为中国人有一个核心的整体形象，有一条强有力的精神纽带，这条纽带就是中国人的精神图腾——中国龙！

瑞兽

象征身份等级的神兵

紫禁城的建筑，无论是位置、规格、体量、形态还是装饰，都经过了精心设计，与房屋的功能和主人的身份极度吻合，堪称一绝。

所有房屋仅从外观和陈设上即可区别出主人的身份等级与地位，而最能反映房屋主人身份地位的就是房屋上的屋脊兽以及宫殿前的瑞兽。

太和殿自建成以来多次被重修，最后一次是在康熙三十四年（1695年）。作为举行国家大典的主殿，太和殿的面积最大，陈设与装饰方面也是所有建筑中等级最高的。太和殿为重檐庑殿顶，正脊上的装饰物叫"鸱吻"，俗称"吞脊兽"，是传说中的"龙生九子"中的一位，采用13块中空琉璃瓦件拼合而成。传说，鸱吻喜欢眺望，又能喷浪成雨，因而被装饰在屋脊上，以起到镇火的作用。太和殿除了最上端的一条正脊外，两层重檐上还各有4条垂脊，上下两层8条垂脊，共有88个仙人瑞兽。最前面的叫骑凤仙人，除此之外还有龙、凤、狮、天马、海马、狻猊、狎鱼、獬豸、斗牛、行什。

古人认为，龙、凤、天马、狮、海马分别是天上、地上、水下的勇武之兽；狻猊能降魔；狎鱼是水中之物，能克火；獬豸是公平正义的化身；而斗牛是头顶独角的瑞兽，能呼风唤雨；行什则是雷震子，能释放霹雳。这些祥瑞之兽，以10数为最大，因而只有太和殿才配安放10个。遵循宫城内建筑的等级规格，其余宫殿都不得仿照太和殿安放10个瑞兽，只能按等级依次降低一等。故而，乾清宫安放了9个，坤宁宫安放了7个，东西六宫各安放了5个。这些宫殿檐宇上的瑞兽的数量区别了国与家及家庭内部的主从关系。

狮子是勇武的象征，也是佛家的护法神，因而只有等级较高、较为尊贵的宫殿前才能陈设狮子。狮子以头上卷曲的鬃毛疙瘩的数量来区分等级，紫禁城里等级最高的狮子是太和门前的一对青铜狮。这对青铜狮像是站岗的哨兵，护卫着大门，警惕地注视着往来的人，彰显出太和门的威严之气。

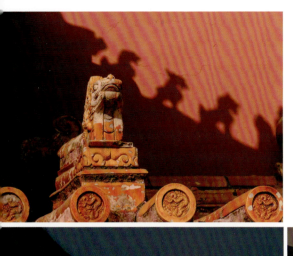

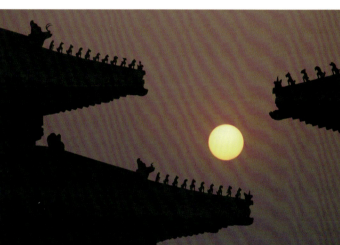

1 瑞兽在红墙上的投影
2 落日中的屋脊兽剪影
3 落日与屋脊兽
4 太和殿前的铜鹤剪影

太和殿的三级台基上排列着 18 尊鼎式香炉。鼎是古代彝器，因其坚固，常被用来象征皇权永固。同时，太和殿东边陈设了日晷，用以计时；西边陈设了嘉量，有统一度量衡的含义，寓意国家统一。

日晷与嘉量的旁边各陈设了仙鹤、神龟。仙鹤与神龟都是长寿之物，象征着皇朝昌盛不衰。

乾清门的规格低于太和门，门前台阶下陈设有两座鎏金的铜狮，铜狮的尺寸小于太和门前的青铜狮。

乾清宫前的露台上同样陈设着与太和殿前相仿，但规格、体量都要低一级的龟、鹤，此外还有日晷、嘉量、铜鼎等，其意义与太和殿前的相仿。

储秀宫是西六宫区重要的宫殿，因为慈禧在这里度过了作为兰贵人、懿妃、懿贵妃的岁月，所以其在晋升为皇太后以后，在储秀宫前摆放了一对铜龙和一对铜鹿。储秀宫是东西六宫中唯一摆放了铜龙的宫殿，这也印证了慈禧内心对皇权的渴望，以及掌权后身份的变化。

左页上图：太和门前的狮子局部
左页下图：屋脊兽与宫墙投影
右页上图：屋脊兽
右页下图：太和门前的狮子剪影

家国同在一城池

三大殿——太和殿、中和殿、保和殿——是紫禁城中轴线上的重地，神圣而威严，成为国家最高政权的象征。乾清宫、交泰殿、坤宁宫是后宫中轴线上的核心，也是皇家生活之地。

四周的红墙将家与国围在了护城河之内，既神秘又庄严，令人心驰神往。

图：午门前的鸽子

理政

举世闻名御用三大殿

这一天，大雨滂沱，太和殿、中和殿、保和殿被笼罩在浓雾和雨水中。令人惊奇的景象出现了：三大殿台基下千龙吐水，水流如注，升腾起的水雾将三大殿包围成了一座水仙宫，殿顶流下的水柱及大殿台基上的雨水汇聚成一道道溪流，奔向四面八方，经龙头再向外吐出，迅速流到大殿下面的庭院里，奔向暗渠。

三大殿由南向北依次坐落在土字形汉白玉雕砌而成的三层台基上，台基中心高达 8.13 米，将三大殿连接成一组器宇轩昂又巍峨高大的建筑。中间高四周低的台基上围有汉白玉的栏杆，栏杆顶是望柱，栏杆下向外伸出了 1142 个龙头，这些龙头又叫螭首（传说螭是龙的九子之一），寓意群龙聚首、众星捧月。

三大殿于明初时分别叫奉天殿、华盖殿、谨身殿。明朝皇帝是汉人，受汉文化影响，三大殿的名字中有奉天承运、修身自律的含意。之后，嘉靖皇帝又将三大殿更名为皇极殿、中极殿、建极殿，更加突出了皇权的至高无上。

左页左图：太和殿前的铜龟
左页右图：螭首局部
右页图：三大殿台基上的螭首

图：太和殿前的日晷与体仁阁剪影

212

到了清初,顺治帝既要面对三藩叛乱,又要面对明朝遗留的汉族文武百官,攘外与安内一时成为困扰他的难题。这一切让顺治感到,对于一个强调统一的国家而言,没有比"和"更重要的事情了,而"和"不仅要体现在政务上,更要体现在氛围与环境中。因此,三大殿便被顺治皇帝改为了与"和"字有关的太和殿、中和殿与保和殿。其中"太和"二字,表示阴阳会合,极为融合,而当时紫禁城的匾额上也开始出现满文。

清朝皇帝极力推动满汉民族融合,将"和"的理念带入了治理国家的策略中。此后,清朝的历代皇帝都苦学汉文化,以精通汉学作为自己统领能力之一来加以展示,这也显示出满族皇帝以正统皇帝自居的心理变化。

太和殿又叫金銮殿,是紫禁城中唯一象征皇权的正殿,也是最为尊贵的宫殿。始建于明永乐十八年(1420年),建成后不久便不幸遭遇雷火焚毁,后历经明、清两代多次修建,最终定型于康熙三十四年(1695年)。

太和殿内所有陈设均为中国古

建筑中的最高等级。三层台基的递进，让这座大殿呈现出方正、稳固、高耸、凝重之感。

太和殿面阔 11 间，进深 5 间，殿高 26.92 米，连同台基通高 35.05 米，面积约 2377 平方米。大殿里的楹柱、内檐外楣的彩绘、铺设的金砖、陈设的紫檀龙柜，都彰显出太和殿的等级之高。

大殿内 72 根高大的红色楹柱支撑起了最高等级的重檐庑殿顶。这些楹柱在太和殿初建时全部使用的是楠木，后清代重修大殿时因楠木短缺，故将用料改为了松木。

大殿正中有 6 根高达 13 米的蟠龙金柱，每根金柱上都绘有一条巨龙，极其华美。汹涌的波涛之上，一条巨龙盘绕着高大的柱子，龙首向上，呈腾云驾雾之感。金色的龙柱在光线的映照下金光灿灿，与大殿的地位极其吻合。6 根金柱上的蟠龙东西相望，护卫着正中的金銮宝座。

太和殿的彩绘是紫禁城里等级最高的，据记载，这种彩绘叫作金龙和玺彩画。

太和殿的地砖叫金砖，但它并不是用金子做的。这些地砖的原材料来自苏州太湖的澄江泥，经过复杂的锤、晒、舂、磨等工序才能达到断之无孔，敲之有金玉之声的极佳状态。其烧制过程非常繁复、严格，成砖后不涩不滑，如墨玉一般油润。这些金砖虽历经了 600 年的踩踏，但至今依然坚硬油润。

太和殿是朝廷举行重大仪式的宫殿。皇帝即位、大婚庆典、命将出师、恭上皇太后徽号、册

图：暮色中太和殿、中和殿、保和殿的剪影

封皇后、册封太子等典礼都在此举行。

  中和殿在明朝时虽经历过三次火灾,但最终还是保持了初建时的模样。其位于太和殿之后,是一座方檐圆顶的宫殿。殿顶正中有一个浑圆的鎏金宝顶,如宝珠一般镶嵌在金色的琉璃瓦上。中和殿内的彩绘图案极其精美,但相比太和殿,这座宫殿要小巧精致且简约紧凑些。

皇帝在太和殿举行大典前，先至中和殿小憩，接受内阁、礼部大臣的朝拜；前往天坛、地坛、先农坛等处祭祀之前，在中和殿阅视祭祀用的祝版和亲耕时用的农具。清朝皇帝审阅大臣修的皇族谱牒时，也在中和殿内举行较隆重的仪式。

保和殿是三大殿中最后一座宫殿，面阔9间，也是重檐歇山顶，体量和规模在太和殿之下，中和殿之上。保和殿宽敞明亮，格局方正，悬挂着乾隆皇帝亲笔书写的匾额——"皇建有极"。每当举行大朝会庆典时，皇帝便从后宫来到保和殿，换上龙袍，前往太和殿。

左页左图：中和殿内景
左页右图：保和殿内景
右页上图：太和殿的金龙和玺彩画
右页下图：太和殿内景

图：太和殿

宫寝

天地乾坤安寝后三宫

乾清宫、交泰殿、坤宁宫是紫禁城中轴线上位于后宫的另一组重要建筑。作为皇帝的家，后三宫亦建立在呈土字形的台基上。这个区域是一个封闭的庭院，南北长220米，开有前后两座宫门；东西宽120米，左右城墙上开有基化、永祥、景和、龙光、日精、端则、增瑞、隆福、凤彩、月华10座宫门，通向东六宫和西六宫。

迈过乾清门，眼前便是一条宽10米、长50米的甬道。这条甬道与紫禁城的中轴线合二为一，并且被汉白玉雕栏围起，笔直地通向乾清宫。甬道只

有皇帝才能行走，是天下第一家主人的特权。大臣与太监们面见皇帝，须从旁门进入庭院，才能登上乾清宫的台基。乾清宫东西各有一座配殿，分别为昭仁殿与弘德殿。

朱棣及朱棣之后即位的明朝皇帝，再加上清朝的顺治帝和康熙帝，明清两朝先后共有16位皇帝居住在此。清朝康熙皇帝移居乾清宫后，就一直住在东侧的昭仁殿里。乾清宫与左右配殿自明朝至清朝康熙年间一直是皇帝的正寝宫殿，也是皇帝正式的家。

清朝雍正皇帝即位之后，乾清宫便成了政务活动场所，居住功能日益减退。

左页图：坤宁宫与交泰殿夜色
右页左图：坤宁宫内景1
右页右图：坤宁宫内景2

防御

老百姓与城池的距离

古人普遍认为，天上的紫微星垣与地上的宫城相对应，因此称宫城为紫禁城是顺应天理的。而另一层意义，宫城建有高大的城墙，内外戒备森严，对普通人而言是绝对的禁地。

紫禁城南北长961米，东西宽753米，四周有3428米长的青灰色城墙环绕。城墙从地面到顶部高9.9米，下宽上窄，呈梯形，底部宽8.62米，顶部宽6.66米，能容五六匹马并驾齐驱，为战时卫兵骑马巡视、警卫宫城提供了条件。

城墙的东、南、西、北各开了一座城门，即东华门、午门、西华门和神武门。城砖采用的是山东临清州（今山东省聊城市临清市）烧制的大青砖，虽历经

600年,依然坚固耐用,岿然不动。

紫禁城的城墙四角矗立着四座"九梁十八柱七十二条脊"的角楼。每个角楼都用了上万个木质构件,榫卯结构的设计让角楼历经600年依然稳固,瑰丽依旧。

角楼的设计与建造,传说是明初的朱棣皇帝因梦而起的。他惧怕自己的基业不够稳固,便时常做梦。有一天一位神仙给他托梦,让他在城墙上建立四座"九梁十八柱七十二条脊"的角楼,用于镇住宫城。而干活的工匠们哪里见过这样的角楼,更别说设计了。他们苦于无法实现,十分为难。

一天,一位工匠出宫城,在护城河边偶然遇到了一位卖蝈蝈的老者,他看到老者卖的蝈蝈笼十分精巧,便买了一个。回去以后,这位工匠仔细端详笼子,然后突发灵感,这不就是

左页图:紫禁城城墙
右页图:紫禁城角楼倒影

皇帝要建的角楼嘛！受草编蝈蝈笼子的启发，工匠们很快设计并建造出了皇帝所要的新颖别致的角楼。

琉璃瓦顶的角楼，在日落时显得格外壮丽。倒映在护城河水里的角楼与城墙上矗立的角楼一虚一实，亦梦亦幻，成为北京城一道亮丽的风景线，引得无数观者驻足。

中国古代的城防体系中，有城墙就必有护城河。

紫禁城的城墙外四周挖有52米宽的护城河，护城河开挖于明代永乐初年，俗称筒子河。护城河距城墙20米，水深5米。河水并非死水，而是活水。河水源自西郊玉泉山，经积水潭、后海、什刹海、北海入濠濮涧，向东经景山西墙下，流入紫禁城西北角的地沟入护城河。河水环绕紫禁城，为紫禁城提供了一道重要的外围防护屏障。

护城河泄水口有三个，其中两个于明代建成。一个在护城河的西南角，河水经社稷坛流入外金水河；另一个在护城河的东南角，河水经太庙流入外金水河。还有一个泄水口是清朝乾隆时期修的一道暗沟，河水由午门西燕翅楼的西侧流经阙右门，流至阙左门外，循太庙右墙外两侧向南流，折向东注入太庙戟门外的筒子河，折向东南流入外金水河。

紫禁城内的金水河，是从护城河分水后，经紫禁城西北角城垣地下暗沟流入的。

护城河的功能在于守卫宫城、防洪排涝；而内金水河的功能主要是消防灭火、点缀景观等。清代康熙、雍正、乾隆三朝是难得的鼎盛时期，护城河又作为一处景观被种满了荷花。

紫禁城层层警卫，戒备森严，安全级别很高。从外至内，分为城垣警卫、城门警卫、宫内警卫、乾清门警卫，以及御前侍卫。

城垣警卫是借助护城河建立的外围防御系统。护城河与城墙之间建有多处守卫值班房，明代又称为"红铺"，曾达36处之多。乾隆初年，乾隆皇帝将分散的、单座的守卫值班房改为了围房，连檐通脊，达七736间，从单兵作战改成了集体作战，护卫与防御能力得到了极大的提升。

紫禁城的四个城门也有护军把守，叫城门警卫。这些护军是从八旗兵中的下五旗选派的，由前锋护军统领，昼夜值班。城门旁陈列着弓矢、长枪、火铳、梅针箭等兵器。除此之外，

上图：故宫角楼与城垣警卫值班房
（拍摄于 20 世纪 80 年代）
左下图：门锁插销
右下图：隆宗门箭镞

还备有红杖两根，用于执杖击打擅自闯入者。

进出宫城的城门有严格的规定，大臣们进出要有门籍，这是表明身份的通行证。每个门籍上都篆刻着大臣的名字、官衔等，事先放在各宫门处备查，只有大臣所报姓名与之一致才可被放行。若夜间出宫，还需要执行"合符"制度。大臣出门时执临时颁发的阴符，而守卫要去宫内拿出预存的刻有"圣旨"字样的阳符与之比对，只有阴阳两符合二为一，对应大臣才可出宫门。

为了管理方便，乾隆皇帝还曾规定，不同衙门的大臣走不同的门。这样一来，门籍管理就更加清晰、有条理了。

四个城门天黑之后即上锁，由宫内警卫看管。每晚只有司钥勋臣一人，在阙左门内值宿。

宫内警卫的值班大臣每晚要率侍卫队分班检查城门上锁情况。乾清门警卫更不敢怠慢，夜里要沿逆时针方向巡逻执勤。每更天，提铜铃巡逻的护军要从景运门沿横街向西，至隆宗门，转向北到宫城西北角，再转而向东，过顺贞门到城墙东北角，沿街南下到东南角。巡视一圈后回到景运门，以保证后宫的安全。

御前侍卫是皇帝的贴身警卫，不分昼夜地守护着皇帝的安全，每天分为六班轮流值守。清朝的御前侍卫均是从八旗兵中的上三旗挑选来的，且必须是皇帝的亲信才可担任。

尽管警卫森严，但智者千虑，必有一失。

隆宗门是从西华门入宫之后，进入内廷的第一道门，位于横街西侧，距离乾清门很近。

嘉庆年间，清朝国力开始衰退，各地农民起义军争相反抗朝廷，其中还加入了一个名为天理教的教会组织。这个组织发展迅速，甚至吸纳了宫城内的一部分太监。嘉庆十八年（1813年），起义军在宫内太监的接应下，分别从东华门与西华门冲进宫。宫内护卫军发现之后迅速关闭了东华门，但一小部分起义军从西华门直接冲到了隆宗门，准备袭击养心殿。此时，嘉庆皇帝并不在宫内，而是去了热河（今河北承德）避暑山庄。嘉庆皇帝的皇子旻宁（即后来的道光皇帝）正在上书房读书，听到外面有吵闹声，立刻拿起火铳来到养心殿。他发现起义军正在指挥进攻，于是亲自用火铳击毙了两个起义军。

宫内的护卫军与起义军在隆宗门展开了厮杀，起义军以失败告终，而隆宗门的匾额上至今还有一个起义军当初射上去的箭头。

紫禁城虽然按照五行之说，大量使用了红色，但宫殿都是木质结构的，十分怕火。早在朱棣皇帝建成紫禁城后不久，奉天殿（今太和殿）就失了火，听政不得不改在奉天门（今太和门）。而光绪十四年（1888年），贞度门、太和门、昭德门再次失火，因而太和门不得不于次年再度被重建。因火灾不断，紫禁城里除了内金水河作为水源可以用来救火之外，还设置了很多大水缸。大水缸有铁质的也有铜制的，分别被安放在了广场四周及各宫殿院内。每当天寒地冻时，为了不让水缸里的水结冰，还要在水缸下面的石槽内燃烧木炭，让水保持融化状态。

左上图：西六宫的水缸
右上图：太和殿广场四周的水缸
下图：黄昏中的太和门与贞度门

内务

太监护卫皇家的职责

◆

凌晨的北京城繁星闪烁，万籁俱静。几十辆运水车从京西的玉泉山出发，经过西直门向紫禁城行进。这些车是每日给紫禁城运水的水车，运送的泉水要被送至御茶房用于给皇帝沏茶。

乾隆皇帝十分讲究茶与水的品质，经过检测，他认为玉泉山的水质既轻又清，最适合沏茶用。于是，不仅宫中的御茶房要用玉泉山的水烧茶给皇帝饮用，就连前往江南的路途上，乾隆皇帝也要携带玉泉山的水以备饮茶所用。

御茶房归内务府管辖。内务府是管理皇帝家族一切私人事务的衙门，是清朝独有的一个机构，始于顺治皇帝设立的十三衙门。这个十三衙门是精简了明朝宦官二十四衙门而成的。顺治十八年（1661年），十三衙门被尽数革除，确定了宫内太监受辖于内务府的体制。

内务府不仅管理御茶房，还管理御药房、御膳房、浴德堂等。相传，浴德堂是乾隆皇帝为自己喜爱的一位来自西域的妃子所建，建筑外形极具异域风情。

内务府下辖三院七司及造办处。三院分别是奉宸院、武备院、上驷院，分别掌管着皇家苑囿的管理和修缮、武器装备及御用马匹。七司分别是广储司、会计司、掌仪司、都虞司、慎刑司、营造司、庆丰司，分别负责掌管银钱的收储、财务记账、宫廷礼仪、官兵俸饷抚恤、刑罚、营造制作，以及牧场蓄养繁殖等。造办处负责宫廷用品的制作。

此外，内务府还管理着三大殿，以及后宫的慈宁宫、寿康宫、养心殿等，可谓权力巨大。内务府的地位在雍正年间更加突出，权力也逐渐扩大，还在全国各地设立了多处附属机构，如江宁织造处、苏州织造处这类高级面料采办机构。圆明园、万寿山、玉泉山、热河行宫等紫禁城外的皇家园林，以及帝后妃嫔的陵墓和祭祀活动也都归内务府管理，可见其管辖范围之广。

三伏天的北京城，树上的知了滋滋地鸣叫着，没有一丝风，紫禁城里的人难耐酷暑。内务府派太监从冰窖取出几块冰送到皇帝的养心殿用于降温，这才让皇帝得到片刻清凉。

冰窖位于宫城西侧，自入冬开始就从北京城的通州取冰藏于冰窖深处，待夏日才取出为宫廷防暑降温，而冰窖也归内务府管辖。

乾清宫院内的西南角有一排房子，这里就是内务府管辖下的敬事房。敬事房是清朝康熙皇帝设立的专门负责管理宫内太监的机构，主要职责包括对太监的甄别与惩罚等。掌管敬事房的太监叫总管与副总管。

太监是宫廷内一种特殊的身份，主要负责为皇帝家族提供各项服务。每个宫殿夜晚都有太监值守，这些太监随时听候吩咐，以履行各自的职责。

1911年辛亥革命爆发，1912年"中华民国"成立，溥仪皇帝退位，但仍然可以保留皇宫中的一切财产，因而内务府也得以保留。一直到1925年故宫博物院成立，内务府才彻底失去了职能。

至此，紫禁城走完了皇家帝制的历史，翻开了新的一页。

今天来自昨天……

故国如梦。那些金戈铁马、残阳如血的岁月已消失在禁苑的过往云烟中，殆尽于一朝一代的君臣之梦中。

几多繁华，几多秋凉，600年风华不老的紫禁城，总能在不经意间展露出撼山填海的气度。

寂静深长的岁月，牵引着紫禁城从昨天来到了今天。

故宫往事与今朝

600 年的紫禁城往事，已经成为一段历史。从末代皇帝溥仪离开这座宫殿，到故宫博物院成立至今，这座昔日辉煌的宫殿在历经磨难之后，展露出了新的面貌。这其中有太多的历史故事值得回味，有太多在历史上稍纵即逝的人物与事件值得我们反复思量。

故宫的今天来自昨天，历史是现实的根源。一座城池内散落的轶事，就是窥探中国历史之孔。

1911 年，辛亥革命爆发后，革命党在南京成立了临时政府。一年之后，北洋军阀的统领袁世凯夺取了"中华民国"的政权。

1912 年冬季的一天，一切看起来都是那么平常，可紫禁城内却发生了一件大事——以乾清门为界，紫禁城被一分为二。乾清门以南归民国政府所有，乾清门以北继续归退了位的溥仪皇帝一家所有。

1912 年，袁世凯拟订了《清室优待条件》，允许清朝皇室"尊号仍存不废""暂居宫禁，日后移居颐和园"等，并保证优待条件永不变更。这样的条件让隆裕皇太后既紧张又无奈，她不得不在养心殿宣布了溥仪皇帝的退位诏书，让当了 3 年皇帝且年仅 6 岁的溥仪，从万人仰慕的金銮宝座上退下来，在后宫开始了小主人的生活。

1915 年 12 月，一个河南项城人在中南海居仁堂举行了百官朝贺会，改国号为中华帝国，开始称帝。这个自立为帝的人就是袁世凯，但他只做了 83 天的皇帝。1917 年 7 月 1 日，溥仪在大臣张勋的拥戴下宣布复辟。可仅当了 12 天皇帝，又不得不再次匆忙宣布退位。

此时，国内军阀混战，直系冯玉祥与奉系张作霖的两支部队开始了内战。最终冯玉祥运用计谋夺取了北京直系的政权。

图：西六宫一角

这个时期，民主、进步的思想开始在中国传播。

自从溥仪将后宫当作自己的领地之后，日子过得并不舒心。他时刻担心优待条件会发生变化，果不其然，他最担心的事还是发生了。

1924年11月4日，内心倾向民主改革的冯玉祥组织临时政府开会，修改了清室优待条件，提出了"即日移除宫禁"的意见。

这一年冬天，紫禁城里像往常一样安静。

1924年11月5日上午大约9点钟，溥仪与婉容正在储秀宫吃着苹果闲聊，内务府的大臣们突然踉踉跄跄地跑了进来，将溥仪吓了一跳。为首的叫绍英，手里举着一件公文，气喘吁吁地说道："皇上……皇上……冯玉祥的军队来了！说民国要废止优待条件……拿来这个叫签字……"

这话着实吓了溥仪一跳，他手里的苹果当场滚落到了地上。

最令溥仪难以接受的是，邵英告诉他："他们让三个小时内全部搬出去！"这让溥仪气急败坏，他大叫道："给我交涉去！"

"嗻！"

邵英以宫里仅剩的老太妃——敬懿和荣惠——不肯走为由，与京畿卫戍总司令鹿钟麟交涉，磨磨蹭蹭到了当日下午。

溥仪正在与刚被允许进宫的王爷商议该怎么办，邵英又哆哆嗦嗦地跑了回来。邵英禀告："鹿钟麟又催啦，说再宽限二十分钟，不然的话……就从景山上开炮啦……"紧随邵英而来

的人当中有京师警察厅的人与国民代表，他们当面向内务府宣读了《修正清室优待条件》，要求他们即刻出宫。即刻出宫让溥仪万分不情愿，邵英往来跑了几次，都交涉无果。京畿卫戍总司令鹿钟麟吓唬溥仪，说马上要轰炸紫禁城了，拖延一天都不行。无奈，溥仪交出了象征皇权的玉玺，在鹿钟麟的护送下离开了皇宫。

从此，溥仪与紫禁城告别，成为中国历史上最后一位皇帝。

在清室善后委员会点查、封存完紫禁城的文物后，1925 年 10 月 10 日这一天，紫禁城神武门前热闹非凡。由故宫博物院理事长李煜瀛书写的"故宫博物院"几个大字高悬在了神武门上，故宫博物院正式宣告成立，同时开始对民众开放。

自此，人们开始叫紫禁城为故宫。

1925 年至 1928 年，故宫博物院经历了风云突变的紧张时期，各路军阀都想将故宫据为己有，也有人主张拆除故宫外朝的三大殿并建造国民议会大厦。值得一提的是，大军阀吴

图：太和殿广场暮色

佩孚对拆除故宫持反对意见。他电告全国："若毁此三殿，中国将永丧此巨工古物，重为万国所笑。"从而阻止了这一荒唐的提案。

1931年，九一八事变，战乱中的故宫博物院为保证文物安全，从1933年开始了文物转运工作。先后将13000多箱文物迁存于上海、南京，1937年11月后又疏散于西南后方，至1947年6月全部东归南京。时延十年，地迤万里，辗转颠沛，备尝苦辛，才使这批中华文明的重要瑰宝基本得以完整保存。

1948年，蒋介石下令将精选过的属于故宫的文物运往中国台湾。著名的肉形石和翠玉白菜成为台北"故宫博物院"的镇院之宝。

1949年，北京和平解放。同年10月1日，毛泽东主席在天安门城楼上宣布中华人民共和国成立。

1951年，经周恩来总理批示，国家从香港购回了《伯远帖》《中秋帖》，让故宫三希堂中的"二希"回归了北京故宫博物院。

中华人民共和国成立以来，故宫经历过多次维护与大修，昔日衰败的紫禁城成为今日令世界瞩目的博物院。

2020年10月，故宫以博物院的形式度过了95岁生日。

如今的故宫既像一位饱经沧桑的老者，又像一位意气风发的少年。岁月的更迭不仅没有夺去故宫昔日的光彩，而且让其迎来了更加亮丽、崭新的今天。翻修后的故宫，展现出了前所未有的气势和更加灿烂的模样。

今日的故宫，
无论是雨雪还是艳阳，
人们总是慕名前往。

因为，
那里的红墙内，
有太多往事引人遐想。

图：工人在修复故宫宫墙

跋 / 庚子战疫

2020年年初，新型冠状病毒肺炎大规模暴发。2020年1月23日，武汉封城，举国抗疫，人人隔离在家。

国家倾力在短短10天内就建成了武汉火神山、雷神山两座医院，以及多个方舱医院。社会各界捐款捐物、充当志愿者，共同为打赢这场抗疫之战竭尽全力。

从全国各省市紧急派往武汉救援的医生和护士组成了一个个医疗队，他们逆行而去，奋战在救人的第一线。他们舍小家为大家，成为人们心中真正的英雄。我每天通过网络与电视新闻，时刻关注着他们的一举一动，他们的一切消息都成为每天最牵动我神经的那根看不见的线。

焦虑的、担心的、紧张的情绪伴随我度过了最初的一个月，导致2019年就开始动笔撰写的这本书稿，几次写了又停，停了又写。

惊蛰，大地复苏。武汉及全国的疫情逐渐有了转机，越来越多的病患成功出院。我的情绪慢慢平复下来，写作速度也开始加快。

每次当我坐在电脑前准备写作时，年迈的母亲总是先为我送来一杯茶，然后将自己手机的耳机戴上，并小心地将电视声音调为静音，一边看电视，一边听自己喜爱的朗诵课。她怕打扰我，总是很安静地坐在沙发上看静音后的电视节目。除此之外，她还包揽了每天的饮食，总是换着花样为我添加营养。她说写作很费神，不能缺营养。

那段时间，我深深地体会到了国与家是不可分割的命运共同体，感受到了中华民族传承至今的精神力量：舍身忘我的大爱，以及在困难面前永不言败的民族精神！我想，这种大爱与精神，将成为下一代人从前辈身上继承到的最强劲的力量。而这种精神力量将成为中华民族发展历程中，开启一个划时代的新篇章的最强引擎。

2020年4月8日，武汉解禁，国家开放了离汉通道。这座被按了"暂停"键的城市终于重启，全国开始复工复产，春耕下的农田呈现出一片充满希望的景象。

截稿时，中国的疫情已经被控制住，但世界上很多国家却陷入了被新型冠状病毒感染的灾难之中。美国、意大利、西班牙、英国、法国的感染人数不断增加，中国又派出了一个个驰援小组，他们携带医疗物资奔赴有需要的国家，进行紧急救援。

世界永远是公平的，付出与收获终将成正比。

中国在自己刚刚经历过灾难和伤痛后，又将和平与爱传递到了世界各地。中国人的善良与大爱又一次被印证。

这，就是中国精神！

杨春燕

参考文献

[1] 人民日报评论部，习近平讲故事 [M] 北京：人民出版社，2017.

[2] 郑欣淼，紫禁城内外 [M]. 北京：紫禁城出版社，2008.

[3] 郑欣淼，故宫学概论 [M]. 北京：故宫出版社，2018.

[4] 郑欣淼，故宫纪事 [M]. 北京：故宫出版社，2013.

[5] 王镜轮，图说故宫 [M]. 北京：中华书局，2013.

[6] 纪录片《故宫》节目组，故宫 [M]. 北京：中国工人出版社，2018.

[7] 邓士龙，国朝典故 [M]. 北京：北京大学出版社，1993.

[8] 于敏中，瞿宣颖，左笑鸿等，日下旧闻考 [M]. 北京：北京出版社，2018.

[9] 赵尔巽等，清史稿 [M]. 北京：中华书局，2015.

[10] 天台野叟，大清见闻录 [M]. 郑州：中州古籍出版社，2000.

[11] 爱新觉罗·溥仪，我的前半生（灰皮本）[M]. 哈尔滨：哈尔滨出版社，2019.

[12] 庄士敦，紫禁城的黄昏 [M]. 北京：故宫出版社，2010.

[13] 章乃炜，王蔼人，清宫述闻（初续编合编本）[M]. 北京：紫禁城出版社，2009.

[14] 冯尔康，清代人物传记史料研究 [M]. 天津：天津教育出版社，2005.

[15] 韩增禄，易学与建筑 [M]. 沈阳：沈阳出版社，1999.

[16] 王子林，紫禁城风水 [M]. 北京：紫禁城出版社，2005.

[17] 金易，沈义羚，宫女往谈录 [M]. 北京：故宫出版社，2010.

[18] 李鹏年，朱先华，秦国经等，清代中央国家机关概述 [M]. 北京：紫禁城出版社，1989.

[19] 王云英，清代满族服饰[M]. 辽宁：辽宁民族出版社，1985.

[20] 单士元，我在故宫七十年[M]. 北京：北京师范大学出版社，1997.

[21] 单士元，故宫史话[M]. 北京：北京人民出版社，2019.

[22] 李岩龄，顾道馨，王恩厚等，中国宫廷礼俗[M]. 天津：天津人民出版社，1991.

[23] 商衍鎏，清代科举考试述录[M]. 北京：故宫出版社，2014.

[24] 胡汉生，明十三陵[M]. 北京：北京出版社，2018.

[25] 李旻，细说故宫：建筑·历史·人物[M]. 北京：故宫出版社，2014.

[26] 信修明等，太监谈往录[M]. 北京：紫禁城出版社，2010.

内 容 简 介

本书集中国传统文化与摄影美学为一体，介绍了中国传统文化和故宫所秉承和凝聚的中国传统文化的精髓，是认识故宫的窗口，更是认识中国传统文化的窗口。

本书共分为四个篇章。前三个篇章以大故宫的中轴线布局为线索，通过"国、家、屋"3个维度，贯穿起前朝后寝，左祖右社，家国同构的故宫历史。故宫是国，也是家。内容围绕皇帝、皇权、皇宫等皇家文化逐一展开，突出了故宫作为皇宫在明清时期中央集权和国家统一中所承载的重要文化意义，以及皇家生活的丰富多彩、故宫建筑的大气恢宏。第四篇章以"今"作为整本书的收尾，展现了清朝末年社会动荡导致宫廷中的风云变幻，衔接了紫禁城由皇宫到故宫博物院身份的转变过程，突出了今日故宫作为博物院散发出的独特文化魅力和对现代人产生的深刻影响。

本书适合对中国传统文化感兴趣，喜爱故宫文化及故宫摄影的读者阅读欣赏。

图书在版编目(CIP)数据

故宫里的中国 / 李少白，杨春燕著. — 北京：北京大学出版社，2021.7
ISBN 978-7-301-32072-3

Ⅰ.①故… Ⅱ.①李… ②杨… Ⅲ.①故宫–北京–通俗读物 Ⅳ.①K928.74-49

中国版本图书馆CIP数据核字(2021)第049641号

书　　　名	故宫里的中国 GUGONG LI DE ZHONGGUO
著作责任者	李少白　杨春燕　著
责任编辑	张云静　孙宜　刘沈君
标准书号	ISBN 978-7-301-32072-3
出版发行	北京大学出版社
地　　　址	北京市海淀区成府路205号　100871
网　　　址	http://www.pup.cn　新浪微博：@北京大学出版社
电子信箱	pup7@pup.cn
电　　　话	邮购部 010-62752015　发行部 010-62750672　编辑部 010-62570390
印刷者	北京九天鸿程印刷有限责任公司
经销者	新华书店
	787毫米×1092毫米　16开本　17印张　254千字 2021年7月第1版　2021年12月第2次印刷
印　　　数	6001–9000册
定　　　价	168.00元

未经许可，不得以任何方式复制或抄袭本书之部分或全部内容。
版权所有，侵权必究
举报电话：010-62752024　电子信箱：fd@pup.pku.edu.cn
图书如有印装质量问题，请与出版部联系。电话：010-62756370